父母学堂

好方法决定好成绩

一年级新生快乐学习的成功秘诀

钱诗金/钱　丽　编著

中国少年儿童新闻出版总社
中国少年儿童出版社

北　京

图书在版编目（CIP）数据

好方法决定好成绩 / 钱诗金，钱丽编著 . -- 北京：中国少年儿童出版社，2019.3
（父母学堂）
ISBN 978-7-5148-5233-2

Ⅰ . ①好… Ⅱ . ①钱… ②钱… Ⅲ . ①学习方法 – 儿童教育 – 家庭教育 Ⅳ . ① G791 ② G78

中国版本图书馆 CIP 数据核字（2019）第 008949 号

HAO FANG FA JUE DING HAO CHENG JI
（父母学堂）

出 版 发 行：中国少年儿童新闻出版总社 中国少年儿童出版社
出 版 人：孙 柱
执行出版人：赵恒峰

策划编辑：白雪静
编 著：钱诗金 钱 丽
绘 画：戴梦怡
装帧设计：蔡 璐
责任编辑：李 华
责任印务：厉 静
责任校对：夏明媛

社 址：北京市朝阳区建国门外大街丙 12 号
邮政编码：100022
总 编 室：010-57526070
传真：010-57526075
编 辑 部：010-57526332
发 行 部：010-57526568
网 址：www. ccppg. cn
电子邮箱：zbs@ccppg. com. cn

印刷：中青印刷厂

开本：720mm × 1000mm 1/16
印张：15
2019 年 3 月第 1 版
2019 年 3 月北京第 1 次印刷
字数：170 千字
印数：1–8000 册

ISBN 978-7-5148-5233-2
定价：38.00 元

前言

走出幼儿园，踏进小学校，孩子蹦跳跳，大人心忧忧。

当孩子步入小学，成为真正意义上的学生，做家长的心里自然是喜不自禁：“咱家也有‘读书郎’了。”但在欣喜的同时，父母的心中又生出许多担忧：孩子刚走出幼儿园，还那么小，能适应吗？小学生活和幼儿园生活有哪些不一样？孩子步入小学会遇到哪些问题？要做哪些准备？……

其实，父母的担忧恰恰反映了这样一个现实：绝大多数孩子进入小学的初期都有一个由不适应到逐步适应的过程。这种幼儿园与小学教育的衔接就是人们常说的“幼小衔接”，是幼儿园与小学两个教育阶段过渡的教育过程，是幼儿在其发展过程中所面临的一个重大的转折期。若处理得不好，会对幼儿日后的发展带来不利的影响。幼小衔接问题一直以来都没有得到很好的解决，对于父母和孩子始终是个大难题。最突出的表现就是，孩子从入小学开始便会出现各种不适。

为什么幼小衔接问题很常见呢？这是因为幼儿园与小学是两个完全不同的教育阶段，幼儿园的主导活动是游戏，以玩为主；小学的主导活动是学习，以学为主。在入学前，孩子的学习内容比较具体，学习方式是通过游戏进行的，学习要求非常宽松。而在小学，学习内容开始符号化（汉语拼音、汉字、数字、歌谱都是符号），比较抽象；学习方式是通过课堂进行，常常由《教学大纲》统一规定，十分严格。此外，不同于幼儿园，孩子一入小学，《小学生守则》《小学生日常行为规范》《小学生礼仪常规》等条条框框扑面而来，让孩子一下子就掉进了规则的海洋。可想而知，对于以上的巨大变化，六七岁的孩子很难轻松地适应。

一般说来，孩子不适应入学的学习和生活，容易出现下面这些问题：

1. 不会利用课间时间处理生活问题，如：课间光顾玩耍，忘记了喝水、如厕的事情，上课铃响起时才突然想起。

2. 在课堂上随便走动，大声说话，不听老师讲课。

3. 不懂与同学如何相处，随便拿别人的东西。

4. 不知道排队、等待，遇到事情就争先恐后，一拥而上。

5. 不会整理自己的物品，不但影响自己，还会影响他人。

久而久之，这样的孩子就会在集体中凸显出来，成为老师的难题，同学们排斥的对象，在集体生活中变得孤立。其中的主要原因就是他不能很好地遵守大家都必须遵守的行为规则。适应不了学校生活，学业成绩自然会受到很大的影响。

既然幼儿园与小学的环境差异无法改变，那么在从幼儿园到小学的过渡期就培养孩子建立规则意识，来适应小学生活，这才是最重要的！

要让孩子遵守学校的规则：

1. 轻轻走路，靠右通行；站要像个小士兵；坐下保持不乱动。

2. 说话有礼貌，不骂人，不打闹；见老师要问好。

3. 有事要请假；进门要敲门。

4. 铃声就是命令，下课铃响出教室，上课铃响回座位；每节课 40 分钟，上课时要一直关注老师讲课的内容，不能随意做其他事。

5. 课间休息 10 分钟，要及时利用这段时间喝水、上厕所，做适当活动；上厕所时也要遵守规则排队、礼让。

6. 不能随便吃东西，加餐、午餐时间固定。

7. 及时完成作业。

这些都是孩子上学之后需要遵守的规则。

帮助孩子适应学校生活的方法有：

1. 给孩子调好生物钟。孩子上幼儿园时，每天都要睡午觉，上了小学可能就没这个条件了。家长在刚开学几天，可试着在家调整好孩子的作息时间。一般来说，家长可以让孩子在晚上 8：30 ~ 9：00 休息，早上 6：30 ~ 7：00

起床。

2. 有意让孩子多克制自己。孩子在幼儿园，喝水、上厕所都比较自由，可上了小学，规矩就多了。家长可以让孩子学会安静地坐等一段时间。

3. 鼓励孩子开展人际交往。在新班级里，新同学彼此不认识，有些孩子性格比较内向，就会表现出不合群。家长应带着孩子到学校里多走走，让孩子熟悉校园环境，让孩子在心理上接受学校。家长也可以陪孩子在教室里坐会儿，引导孩子多认识几个朋友。

4. 培养孩子的自理能力。孩子在上小学后，应该学会自己整理学习用品和书籍。家长应引导孩子自己梳洗穿戴、吃饭；学会使用铅笔和削笔刀；学会自己整理书本、铅笔盒和书包；学会扫地、擦桌椅、清洗抹布等小家务；有条件的还可以给孩子安排一个学习的小天地，教他学会怎样放置和整理学习用品和书籍。

学校是一个学习的地方，也是少年儿童社会化的重要场所。社会化的过程就是让一个以自我为中心的孩子，学会遵守规则、尊重他人，成为一个能够与环境、他人和谐相处的人。

家长给孩子做好上学准备的具体方法是：

1. 提前带孩子熟悉学校环境。入学前，父母应带孩子参观小学，让孩子熟悉一下学校的环境，了解学校中的一些重要场所，如教学楼、体育场、洗手间等。向孩子介绍学校的基本情况，甚至带孩子观摩小学生的学习与生活，以了解学校生活的规律与内容，减少孩子对学校的陌生感。

2. 准备必要的学习用品。引导孩子和父母一起准备学习用品，使他们从父母重视和庄重的态度中感到，上学是自己和全家的一件大事，唤起孩子作为一名小学生的自豪感和责任感。购买学习用品时，以实用、方便、朴素、结实为宜。书包不要过重、过大，要便于孩子自己背、自己收拾。文具盒不要具有玩具性，以免学习时分散孩子的注意力。同时要教会孩子正确使用学习用品，如铅笔盒、书包的使用，铅笔、橡皮、书的摆放等。教育孩子爱护学习用品，并训练孩子逐步养成自理的好习惯，如自己削铅笔、整理书包等。

3. 安排好孩子的学习环境。让孩子有专门的学习场所。有条件的家庭可以为孩子提供专用的书架和书桌，没有条件的家庭也要尽量为孩子提供放置学习用品和书本的地方。

4. 消除孩子对上学的恐惧心理和不适应感。可以对孩子讲一讲自己小时候上学时的趣事和愉快感受，以唤起孩子对学校生活的向往。在平时孩子不听话时，千万不要用"将来让老师好好管管你"之类的话吓唬孩子。

5. 注意培养孩子的自我管理能力。小学的学习生活不像幼儿园那样兼有养护职责，小学的主要任务与活动是学习文化知识，这就要求孩子在生活上自理和自我管理的能力要较强。

6. 训练孩子活动的坚持性。幼儿园的主要活动是游戏，孩子比较感兴趣，对他们的坚持性和注意力要求不高；但对小学生来说，学习活动在多数情况下不像游戏那样轻松有趣，需要克服一定的困难，具有一定的坚持性。

7. 加强孩子学习兴趣的培养。学习兴趣是学习的基础，可通过日常生活中对问题的解决来培养，如通过读故事书培养孩子识字的兴趣等。

孩子即将踏入小学校门时，多少会因离开家庭和父母这样的安全基地而略显紧张。父母应设法放松孩子的紧张情绪，不必千叮咛万嘱咐，因为那样反而会加重孩子的精神负担。父母应告诉孩子一句重要的话："在学校里，有事可以找老师。老师会像爸爸妈妈一样帮助你！"父母也可以提前和班主任老师取得联系，主动介绍一下孩子的情况，共同帮助孩子尽快适应学校生活。

总之，父母一定要让孩子感到，进入小学是一件非常美好的事情，"上小学读书，证明我已经长大了。这是我的成功。"要给他一个期待、一个憧憬。

作者

2013 年 3 月

目录

增强孩子的体质

豆豆出生时只有五斤重，出生后几年一直是体弱多病，三天两头上医院。看着孩子整天遭受打针、挂吊瓶的痛苦，爸爸妈妈很是心疼，暗下决心，要通过体育锻炼来增强孩子的体质。

从豆豆学会走路开始，爸爸就每天都带着她进行至少一个小时的体育锻炼，从未间断。豆豆上幼儿园后，周围许多父母都带着孩子报名参加各种特长班，爸爸却带着豆豆走进各种体育场所，让她感受运动的快乐。因为爸爸觉得，让孩子进行体育锻炼比学习美术、钢琴更重要。

今年，豆豆上小学了，爸爸仍然不改初衷。这一来豆豆用在学习上的时间难免就会比同学们少，但她的学习成绩却一直名列前茅。奇怪吗？其实道理很简单：经过体育锻炼，豆豆的体力比同龄孩子强，精力也比别的同学旺盛，上课能专心听讲，作业完成速度快；而且，抗挫折的能力也较强，即便是偶尔成绩不理想，她也不会垂头丧气，而是始终对自己充满信心。

日本长野冬奥会期间，通过各种街头电子屏播放的专题报道不难看出，不论是电视记者还是一般民众，都对本国选手的表现投以热切的关注。其中一则介绍日本金牌滑雪国手船木和喜的宣传节目，让人们印象深刻。节目首先出现的是船木和喜在五六岁时接受父亲训练的录像画面：当时，年幼的船木和喜站在高处由上往下平行地跃起，父亲则在下面承接保护。

紧接着是船木和喜在本次冬季奥运会上的精彩表现——他从山丘高处的出发点飞快滑下，然后完成纵身飞越，再精准平稳地落地——荧屏上所展示的潇洒优美的身姿令人们马上会联想到，船木和喜勇夺冠军的精彩一跃，应该与当年父亲训练他不断纵身跳下有很重要的关系。

类似这种从小开始的体能启发训练的故事，在张德培、关颖珊，还有国内国外多位知名选手的身上，人们都可以找到印证。这里，并不是要求每个孩子将来都能成为冠军、国手而强调体能启发，而是希望父母们从小培养孩子具有好的体能，进而一方面直接发展其体能方面的潜在能力，另一方面间接地与其他潜能产生相辅相成的作用。

强身又健心的作用

1. 促进智力水平的发展。经常参加体育锻炼活动，能使孩子神经系统的兴奋和抑制的交替转换过程得到加强，从而改善大脑皮层神经系统的均衡性和准确性，使思维更加灵活、协调。

2. 培养良好的个性心理。参加体育活动本身就必须克服困难，遵守竞赛规则，制约和调控自己某些不利的个性品质，这些都是孩子成长必需的品质。

3. 调节情绪，增进快乐。经常参加体育锻炼的人，大脑会分泌一种内啡肽的物质，能使人产生愉悦感。所以说，体育不仅是强身之育，也是强心之育。

增强孩子体能的锻炼方式 ?

父母应该根据孩子的具体情况，选择不同的锻炼方式。

孩子不太合群，不习惯和同伴交往：建议选择足球、篮球、排球以及接力跑等集体项目，从中学习与同伴的合作与配合。

孩子有些胆小，做事怕风险，容易害羞：建议选择游泳、溜冰、滑雪、拳击、单双杠、跳马、平衡木等具有挑战性的项目，从而不断克服害羞、胆小等心理障碍，战胜困难。

孩子经常犹豫不决、优柔寡断：建议参加一些如乒乓球、羽毛球、网球、拳击、跨栏、跳远、跳高、击剑等项目，这些活动对于锻炼孩子的果断性具有很大作用。

孩子性情急躁，易冲动：建议多参加下棋、打太极拳、骑自行车、射击等需要考验控制力的项目，这些活动有益于稳定情绪。

孩子的持久性不够强：建议选择跳绳、做俯卧撑、做广播体操等项目。坚持锻炼一个时期后，不难发现孩子的持久性得到了增强。

孩子做事不能正常发挥，容易紧张：建议多让孩子参加、观摩一些公开的、激烈的体育比赛，锻炼孩子冷静沉着应对比赛的能力。

孩子好逞强，容易自负：建议选择一些难度较大、动作较复杂的项目如跳水、体操等，也可以给孩子找几个对手，让他懂得天外有天的道理。

点评

体能锻炼不仅对孩子有益，就是家长也能从中得到好处。老爸老妈由此也将发现自己举手投足的空间更宽阔，无形中为自己提供了自我表达、引发潜能的机会。

增强孩子的观察力

胡开平上小学一年级了，写作业时总会出现这样的问题：在抄写拼音、生字时，常把 b 写成 p 或 d；把“红”写成“江”，把“已”写成“己”。做数学作业就更惨了，不是把 5 看成 2，就是把 6 写成 9。

周末，爸爸领着他去看了一场儿童话剧。

“我们先观察一下这个场面，数数台上有几个人，好吗？”演出中爸爸悄悄地对他说。

“桥上也有很多人。”胡开平显然留意到舞台背景中的那座桥。

“有 8 个人呢。”他接着说，显得很高兴的样子。

“应该比这个数还要多一点儿。你仔细观察一下整个舞台的场面。”爸爸提醒他说。

“有人拿着扇子，有人坐在板凳上，有人在喝茶。舞台上一共有 15 个人。”胡开平边看边说。

“很好。你再留意观察一下他们的年龄、性别和神态。”

在欣赏完这场话剧后，胡开平写了一篇日记，不会写的字就用拼音代替。爸爸一方面表扬了他的日记，另一方面也给他提出了详细的修改建议。经过爸爸一段时间的训练，胡开平的观察力提高了，学习成绩也渐渐赶上去了。

观察力是一种有意识的、有计划的、持久性的知觉活动，是知觉的高级形态。培养孩子养成良好的观察能力，不仅是孩子写好作文的基础，也是提高他整个学习能力的重要途径。

宇宙间包罗万象，纷繁复杂，学生观察的对象可以大至天地日月，小至虫蚁草木。

培养孩子观察力的方法

1. 由远及近，点面结合，提高孩子观察的整体性和准确性。孩子在观察大自然的过程中，往往会陷入只见树木不见森林，或只见森林不见树木的情况。家长要教会孩子按一定顺序进行观察，比如先让孩子整体欣赏大自然的全景，然后再观察具体的事物和景象，让孩子仔细品味。

2. 利用孩子多种感官活动，增强观察力。在观察中，家长最好让孩子的多种感觉器官一同参加活动：看看、听听、摸摸、闻闻、尝尝、做做、写写，亲自实际操作，以增强观察效果。比如听一听，水流声和鸟叫声有什么不同?

摸一摸，真花和塑料花的表面有什么不同？尝一尝，水和醋的味道有何不同？做一做，种些花草树木，养些小动物。家长还可以指导孩子留心观察：植物幼芽怎样破土？花蕾最终怎样结果？虫儿怎样吃东西？鸟儿怎样飞？最后写写观察日记，如植物栽培日记、动物成长日记、天气变化日记等等。对于年龄小的孩子，不能用文字记录观察日记，可采用笔录、音录、画画、填图等多种形式。笔录就是让孩子口述观察的经过、结果，家长帮助用笔记下来；音录就是用录音磁带录下孩子的口述内容；画画就是让孩子自己把观察到的东西用图画形式记录下来；填图就是家长帮助孩子制好表格，孩子用自创的符号或图案记下观察现象。

3. 要为孩子创造观察条件，启发孩子观察的主动性，培养孩子的观察兴趣。孩子生来好奇心强，求知欲旺盛。家长应很好地利用孩子的这一天性，经常带领他们到大自然中去，引导他们在尽情的玩耍之中，观察万物的悄然变化。比如去看春天的绿芽、夏日的鲜花、秋季的果实、寒冬的落叶，去听蝉鸣鸟唱，去听小溪潺潺，这些都会引起孩子的兴趣和思考。同时，家长在平时要善于利用一切条件指导孩子观察，开阔孩子的眼界，充实孩子的知识和生活。比如，让孩子观察家里养的花草、小鱼；晚上带孩子观察星空，讲讲简单的星系；白天观云，看到云的流动，讲一讲“云往东，一场空；云往西，披蓑衣”等谚语的简单道理。这样做不仅能使孩子从中学到知识，体验到观察的乐趣，又能促使孩子多思考，从而培养和发展孩子良好的观察能力。

4. 在培养孩子的观察力时，家长应注意多提问题，有意识地引导孩子去观察那些容易被忽略的方面，使孩子的观察力得到全面、充分的发展。

5. 教会孩子观察事物应由简单到复杂，由易到难，由局部到整体，由表及里。引导他们通过采用多种方法，对某种物体先观察其外形，再观察它的主要特征，然后比较几个相似的事物，了解它们的相同点和不同点，最后总结出某些简单的事物关系。

6. 向孩子明确地提出观察的目的、任务，并教给他观察的方法。比如观察一个字，观察力强的孩子能很快地把寓于生字中的熟悉部首看出来，或把形近字、音近字之间的细微差别区别清楚。观察景物，则要有远近、里外、上下、左右、前后的顺序。重要的一点，观察的目的决定观察的方法。这就好比木匠看木头，要看木头的尺寸和材质；用木头烧火的人，要看木头的干湿；森林学家看木头，要通过看木头的年轮判断它的生长过程。

7. 外出时最好让孩子带着观察的任务离家，一路上边观察边思考，回来后再写篇日记。孩子观察得越细，印象越清晰，文章就可能写得更生动，更有真情实感。

8. 指导孩子将观察力与想象力紧密结合起来。恰如其分的想象，会使观察插上翅膀，意境更加广阔。

9. 利用日常生活诱发孩子的观察力。孩子在家里的时间比较多，对家庭环境（亲人、物品、家具等）比较熟悉。家长可有意识地创设各种有利于孩子观察的情境与机会。如电视机放不出图像，让孩子去看看，插头是否插好，碟带是否放入？又如天气转冷了，家里人穿衣有什么变化？再如客人来了，家里人各自采用怎样的行动招待客人？或者过节了，家里摆设有什么变化？等等，让孩子不断得到观察的锻炼机会。

10. 教给孩子以下几种正确的观察方法。

对比观察法：比较是一个鉴别的过程，只有通过比较才能提高孩子的观察能力。比如，让孩子观察其他孩子的绘画作品，并同自己的作品进行比较，肯定优点，指出不足。

反复观察法：对于某一事物可让孩子进行重复观察，这种方法可以强化孩子大脑皮层形成暂时性的联系，并能使各个暂时性联系之间相互贯通，逐步形成对事物的统一认识。

顺序观察法：事物的发生一般都有一个先后顺序，例如植物的生长。帮助孩子认识一个事物发展的全部过程，建立一个完整的概念，使孩子养成按顺序观察的好习惯。

重点观察法：在事物完整的发展过程中，必定有一个环节是主要的。如植物生长是其从生到死过程中的最主要的环节，这个环节应是重点观察的对象。重点观察训练对培养孩子抓主要问题，抓中心环节，掌握大局都有好处。

定位观察法：让孩子通过定位观察来培养某种兴趣，如引导孩子读书，家长可以先给孩子做示范，让孩子通过正面反复观察，以及通过不同角度的观察，进而引起孩子对读书产生更大的兴趣。

在培养孩子观察能力的同时，家长还应引导他们在观察中积极思考，把观察过程和思维训练结合起来。

点评

观察力的提高对孩子的学习影响极大。孩子只有学会观察周围事物，才能够由表及里地去分析和探讨事物的本质，从而迅速得出对这一事物的认识和看法。随着观察力越强，看法也就越准确、越深刻。如果孩子的观察力得到不断提高，那么，他在学习上的分析能力也就变得越来越强了。

培养孩子的思考能力

有一位爸爸通过朗读简单的诗词引导自己6岁的孩子思考问题。他先读一首诗："如果世界上堆满了馅儿饼，如果海水全部化为墨水，如果所有的树都结满面包和奶酪，那么，我们喝什么？"然后，他问孩子，"一个句子以'如果'开头，是不是意味着它不是真的？"由此引发孩子联想出一连串问题，培养他边读书边思考的好习惯。

可是，也有另外一个爸爸，一天，他的儿子不解地问："为什么小白兔就是好的，大灰狼就是坏的呢？"这位爸爸先是愣了一下，接着给了儿子一个耳光，同时声色俱厉地说："笨蛋，这难道还用问吗？"儿子"哇"的一声哭了。爸爸不耐烦，又狠狠地揍了儿子一下说："有什么好哭的，这么笨还好意思哭！"

男孩莫名其妙地挨了打，却不知道自己错在哪里。从此他什么事都不再问爸爸，但心中却留下了仇恨。13岁时他因为打架伤人进了工读学校，结果一

直待到了18岁。他那有着研究生学历的爸爸怎么也不会相信，自己一记重重的耳光，不仅剥夺了儿子的提问权，也打飞了儿子的判断和思考能力。

网络上有这样一个流传已久的笑话：在一所国际学校里，老师给学生们出了一道题："有谁思考过世界上其他国家粮食紧缺的问题？"学生们都说："不知道。"因为非洲学生不知道什么叫"粮食"，欧洲学生不知道什么叫"紧缺"，美国学生不知道什么叫"其他国家"，中国学生不知道什么叫"思考"。看完这个让人笑不起来的冷笑话，禁不住让人深深反省：是谁偷走了中国孩子的思考能力？

现今社会，成年人很少会思考在无微不至的关怀下，孩子将失去什么。在家庭方面，父母不但没有为孩子学会思考创造更多、更好的条件，甚至连日常生活中让孩子思考的机会也会被剥夺，只希望自己的孩子听话和服从，却不鼓励孩子独自做决定。在学校方面，学生为了应付升学考试，经常埋头题海，始终在寻找标准答案这把金钥匙；老师则希望学生按正确答案回答问题，不鼓励学生别出心裁。

年轻的爸爸妈妈都望子成龙或望女成凤，宁肯自己省吃俭用，也愿给孩子智力投资，可却偏偏忽视了既省钱又很重要的一个方法：帮助孩子思考。当孩子提问题的时候，引导他学会自己思考，这才是最有益的。敏锐的思维不会从天上掉下来，而是需要经过严格的训练和培养。孩子到了6岁，思维能力进一步提高，抽象思维开始萌芽且正在发展。在此时父母应该加强对孩子的训练，提高他的思维水准和思考能力。

培养孩子思考能力的方法

1. 多让孩子自己分析。无论遇到什么事，家长都不要代替孩子思考。孩子做错事时，不要一味地指责训斥，可以让他自己想一想什么地方做错了，为什么做错了，应该怎样做。

2. 多问孩子几个为什么。家长可以多用疑问的语句问孩子，促使孩子养成独立思考的习惯。如果孩子不能立刻回答出来，家长也不要着急，要耐心地引导、启发他。

3. 给孩子提供民主的家庭氛围。家长不能压抑孩子，应该为孩子提供宽松的环境，激发孩子的创造性和思考欲望。如果过于压抑孩子，只会造成孩子懦弱、唯命是从的性格特点。

4. 多鼓励孩子。孩子做什么事，家长都不应限制过多（但不包括那些危险的事情和错误的事情）。如果孩子失败了，家长应该积极引导他，帮助他找出失败的原因，鼓励孩子克服困难，避免失败。

5. 给孩子独处的空间。孩子到了小学这个阶段，自理能力已经很强了，如果家里有条件应该给孩子提供一个房间，如果没有条件也应该给孩子独处的空间和时间，这对孩子的思考锻炼是十分有帮助的。

6. 让孩子自己想办法。在日常生活或游戏中，无论遇到什么困难，家长首先应该问孩子："你该怎么办？""你有什么好办法吗？"现实生活中，有些家长总是迫不及待地去帮助孩子，这其实对培养孩子独立思考的品质是不利的。

7. 全家参与。只要引导得法，在家庭的小天地中即可取得良好思维习惯的最佳效果。孩子的年龄不论大小，都应创造机会让他们说出值得一听的主意来，这并不需要安排正式的场合。一家人围聚桌旁共进晚餐，议论一天中发生的种种事情，这就是一个引导孩子大胆发言的最好机会。

8. 讲笑话。幽默风趣的言谈能在笑声中使孩子懂得对事物的评判标准并非仅有一种。一句奇妙的双关语之所以能引起哄堂大笑，就因为它从不同的侧面表达了含义。

9. 打破传统观念。人类进步的历史就是不断改变传统观念的历史。爱迪生发明电灯前，人们只能依靠油灯照明；若不是计算机带来根本性的变革，会计们只能终日在算盘、笔墨、账簿中忙碌。但是，孩子们很少受传统观念的束缚，更敏锐于对“从来如此”的事情提出质疑。家长应该鼓励孩子一辈子都保持大胆质疑、勤奋探索的良好习惯。

10. 提出一些违背常规的问题。能提高孩子思维能力的问题是那些趣味性强、令人迷惑、能激发想象力、没有固定答案的问题。例如，要激发孩子的想象力可以试试提出这类问题：要是所有汽车全部漆成黄颜色的，会有些什么正面效果和反面效果？（好处是可以降低汽车的油漆成本，坏处是在停车场难找车子。）

11. 教会孩子尽可能地听取不同意见。小孩子大多数只顾说出自己的想法，没有耐心去等待别人把话说完和简单地重复说过的内容。由于听不进别人的意见，就容易忽略那些能开阔视野的见解。因而家长要引导孩子善于听取别人的意见。例如孩子说邻居家的小伙伴是“笨蛋”，那就要让他去问问其他人对那个孩子的评价，从而就可能使孩子看到自己未曾观察到的方面。同样，让孩子留意新闻、广播等对同一事件的种种不同分析，对孩子学会集思广益大有好处。

12. 坚持不懈。小孩子不可能一夜之间就学会熟练运用逻辑思维。这就像学骑自行车，头一两次刚学会一点儿，可转眼之间就全忘了；但一旦最终掌握了其中的技巧，那就一辈子都忘不了了。

点评

学会思考，对一个人的成长极为重要。美国伟大的科学家爱因斯坦说过：“学习知识要善于思考、思考、再思考。”没有提问和思考，或许蔡伦就不会发明造纸术，或许牛顿也不会发现万有引力，或许爱迪生更不会发明电灯、留声机。

提高孩子的注意力

从叶西西有自我行为能力开始，爸爸就觉得这孩子特别容易分心，自控能力较差，好动不止。果然，西西上一年级后，老师就告状说，西西每节课最多只能保持 5 分钟的注意力，坐不住，听着课就能自己站起来绕着教室跳舞。老师又说虽然幼年的行为问题不是什么疾病，但极有可能会影响以后的学业和生活。于是，爸妈要求西西每天回家后必须静坐 10 分钟，希望能养成她安静做事的习惯。可结果是，尽管爸爸妈妈用尽了各种威逼利诱，西西还是在不到 10 分钟的时间内试图站起来了 28 次，笑眯眯地宣布了爸妈的失败。此后，所有关于西西注意力集中的训练也均宣告失败。爸爸绝望之余，就想：这孩子是不是得了多动症？

爸爸领西西去看儿科医生。儿科医生给西西检查后说：“西西对她自己感

兴趣的事情还是能够集中注意力的。处在西西这个年龄阶段的孩子，大脑的抑制功能还比较弱，其中约有 3% ~ 5% 的儿童注意力难以集中，所以西西这种情形是正常的。家长要做的是对她进行适当的训练，譬如，可以在家庭中布置一定的学习任务，时间从 5 分钟开始，逐渐延长到 15 分钟或更长，以促进孩子自我控制能力的发展。”

于是，爸爸送西西去学围棋，不是为了让她成为国手，只是为了训练她静坐；送她去学滑旱冰，为的也是让她集中注意力。当朋友们都嘲笑爸爸要把西西培养成天才时，爸爸心里只有苦笑：那都是为了让女儿能集中注意力的训练。其实爸爸也不知道，这些训练是不是又会像以往一样以失败收场。

许多父母都对自己孩子的顽皮和坐不住而万分烦恼，真觉得孩子就好像得了多动症似的。打个比方，这类孩子每次写字、画画时，几乎都会发现彩笔没有水、铅笔没有削好、书没有拿来，于是东翻西找一番准备；忙乱之后刚坐下，又觉得渴了，于是又要喝水、要吃水果、要上厕所，再一通忙碌之后，却发现时间用去很多，但是什么事情都没干。

许多父母看着这一切，虽然嘴上没说，但心里已经有了疑问——这孩子是不是得了多动症？

家长千万不要把爱动和多动症混淆起来，实际上，患多动症的孩子根本没有静下来的时候。所以只要有动有静，爱玩、好动的孩子算不上患有多动症。

也有许多刚上学的孩子在做功课时，总是不能集中注意力，学上一会儿，就玩一会儿，身体左摇右晃，眼睛东张西望，原本只需 20 分钟就能完成的作业，却拖拖拉拉用了一个小时。

其实，这只是典型的注意力不集中的问题。虽然这没有多动症那么可怕，但是也不容忽视。有资料表明：注意力不集中位居儿童十大问题行为之首。

注意力不集中的负面影响

1. 做作业速度过慢。注意力不集中的孩子与同班同学做同等数量的作业，要比班上做得最快的同学多花一倍的时间；与一般同学比，也要多花将近一半的时间。

2. 不愿意动脑筋。做一道难题需要很长时间的连续思考，而注意力不集中的孩子思考时间不能持续很久，往往就会半途而废。长久下去，他们会失去克服困难的信心和勇气。

3. 影响思维敏捷性、思维速度和书写速度。由于拖拉、注意力不集中，因此当学习任务稍微加大时，这类孩子就会觉得时间不够用，而且学习会变得很被动，常常落在其他同学的后面。

可见，注意力不集中对孩子的影响非常巨大。因此，父母很有必要对此进行干预和正确引导。

提高孩子学习注意力的方法

1. 运用多样的辅导方法，吸引孩子的注意力。长时间用同一方式进行单调的辅导，会引起孩子大脑皮质的疲劳，使神经活动的兴奋度降低，难以维持有意识的关注。如果家长引导他们在学习活动中交替使用不同的感觉器官和运动器官，不但可以帮助他们减少疲劳，更能引起孩子的注意。一般来讲，学习时最好做到“五到”：耳到、眼到、口到、手到和心到。学习心理学也有这样的调查，发现只听效率为13%，只看效率为18%，只动口效率为32%；如果耳、眼、口并用，效率为52%；如果加上双手不断地自然做动作（口中还要重复学到的知识，并内心里相信自己理解和掌握了知识），效率可高达72%，而且不会感到累。所以，家长要灵活多变地运用辅导方法。

2. 优化课堂辅导结构，把握孩子的注意力。在认识事物的过程中，人们所感兴趣的东西并不是完全不了解的东西，也不是完全熟知的东西。因此，家长的辅导必须在孩子已有的知识基础上循序渐进，逐步深入，把新内容和已有的知识联系起来，才容易引起孩子的注意。

3. 严肃学习纪律性，强化孩子的注意力。注意力是服从一定活动任务的，对活动的意义和结果理解得越深刻，责任心越强，就越能产生注意的决心，也就越能长时间保持注意力。学习是一项复杂而辛苦的活动，会遇到困难和干扰，不能保持高度注意就难以完成学习任务。为了克服这些困难和干扰，把注意力贯注在所要学的知识上，家长就必须严格要求孩子遵守学习纪律，培养孩子自觉的、有目的的注意能力。

4. 排除多余干扰，稳定孩子的注意力。学习场所要单纯固定。所谓单纯固定，即将无关的图书、杂志放到孩子的视线之外，各类必需的书籍文具放在固定的地方，以免因寻找而中断学习。这就好像烧锅炉，冷却之后再去加热又得费掉许多时间。而且在固定的场所学习，也容易定下心来。孩子一旦坐在自己的书桌旁，就很容易和学习的意识联系在一起。心理学上有“防止多余刺激原则”，即尽量防止与学习活动无关的刺激出现，学习环境要求保持安静，避免过多的外界干扰。

5. 发挥辅导者的智慧，控制孩子的注意力。在学习过程中，有许多情况是不可预见的，一些突然发生的事情往往会吸引孩子的注意力，影响学习活动的正常进行。作为家长，应发挥家庭辅导者的经验和智慧，扭转事态的发展，淡化事件的影响，控制孩子的注意力，走上正常的学习轨道。

6. 提倡劳逸结合，合理安排孩子的注意力。足够的休息对保护神经细胞免于衰竭很重要，所以家长要关注孩子休息的量和质。心理学研究表明：连续学习的时间为 40 分钟至 60 分钟之间最好，大脑在进入学习后的 10 分钟左右达到最佳工作状态，这种状态能持续 25 分钟到 45 分钟，之后学习效率就会下降。

7. 运用心理暗示，增强孩子的注意力。孩子在家长的正面鼓励和引导下会渐渐对自己增强信心，认为自己是能安静地坐下来集中注意力学习的。所以，家长要经常用平和的态度，对孩子说“你的注意力比以前集中了”“你做作业的速度一定会加快的”“我相信你再坚持一下，会比昨天做得更好”……这样的心理暗示对加强孩子的信心大有好处。

点评

保持注意力对孩子的学习作用是巨大的，培养孩子的注意力则是提高孩子学习效率的有效途径，大量的理论和事实已证明了这一点。不过，一年级小学生注意力的保持时间最长大约 20 分钟左右，所以家长不要要求标准太高。有的家长动不动就让孩子学习两个小时，那怎么可能让他们做到专心致志呢？

提高孩子的记忆力

茅以升是我国著名的桥梁专家。在他小时候，祖父对他要求很严，专门训练他的背功。祖父用毛笔抄写古文，让他在一旁看着，要求写到哪儿背到哪儿。后来，要求他自己抄一首，背一首，一首抄完，一首背出。再后来，茅以升把祖父教给他的抄记法从小学带到中学，又从中学用到大学。难怪，茅以升背圆周率能一口气背出100位。

茅以升到唐山路矿学堂土木系求学时，刚开始听不懂老师讲的课，原因是这里的老师全用英语授课，而且又无课本；学校里的考试又比别的学校多，不仅有小考、大考，还有月考、抽考。为了能听懂课，茅以升要加倍补习英语，首先要设法增强记忆力，寻找适合自己的记忆法。于是，他用上了自己边写边记的老办法。他课后总要整理好听课笔记，记错的改正，记漏的借同学的笔记补上去，记乱的重新调整。整理完笔记，也就把当天学过的内容背下来了。

记忆是人类心智活动的一种，属于心理学或脑部科学的范畴。记忆代表着一个人对过去活动、感受、经验的印象累积。一般来说，它包含了储备和使用这两个过程，即“记”的过程和“忆”的过程。记忆的类型有很多种，如形象记忆、抽象记忆、情绪记忆、运动记忆、视觉记忆和听觉记忆等。记忆的方法也因人而异。接下来具体分析一下所谓的“记忆模糊”，主要是指记忆缺乏清晰度与准确性，或者健忘，以致影响正常的学习。

“记忆模糊”在学习上的表现

1. 类似错构症。“错构症”本是老年精神病或脑动脉硬化性精神病表现出的记忆错误症状。这里说的“类似错构症”，是指有的孩子虽无脑动脉硬化症，但也往往记忆不真切，记忆内容常被歪曲或改变，而自己还浑然不觉，始终确信自己的记忆是正确的。

2. 拒绝记忆。有的孩子本来记忆力就不强，可是随着课业内容的增加，需要记忆的东西越来越多，也越来越复杂深奥，令他们倍觉吃力。于是他们干脆采取了拒绝记忆的态度，老师要求记住的东西，他们统统抛到脑后。

3. 健忘。有的孩子或由于脑损伤，或由于漫不经心，记忆力表现极差。刚听完的课，转眼便忘。眼看着到考试前，虽尽量强化记忆，但一进考场，还是忘了大半。

增强孩子记忆的方法

1. 运用教具，形象记忆。具体形象、生动鲜明的物体，最能引起孩子的兴趣。激发孩子情感的事物，也容易被孩子识记。在学习知识过程中，教师能恰当地运用实物、标本、模型、图画等直观教具进行教学，学生就能产生形象记忆，提高记忆能力。如：学习数的组成、加减法，知识比较抽象，教师利用教具演示、讲解，学生就能理解知识，如果能亲自动手操作，很快就掌握了知识。

又如：音乐课学习歌曲，运用图片或实物等教具向学生解释歌词，就会帮助他们记住歌曲内容，并达到教学目的。其他各科知识也是如此，恰当地运用不同的教具，就会使学生轻松地记忆知识。

2. 多种感官，尝试记忆。调动孩子的多种感官——视觉、听觉、嗅觉、味觉、触觉参与活动，能获得最好的尝试记忆效果。如：认识纸，让孩子用手把纸放进水里观察纸吸水，把纸放在火上烧一烧，用手撕一撕纸。通过实验，帮助孩子记住了纸的特性。

3. 动作演示，准确记忆。有些知识利用动作演示，孩子就会准确理解并记忆。如：古诗《静夜思》中有一句“举头望明月”，其中“举头”一词，通过教师的动作演示，学生尝试练习，准确地理解了词意，就会在以后的提问中记忆犹新。又如：看图讲述“猴子过河”，图片中一群猴子看到河对岸有许多桃子，急得抓耳挠腮，教学中可引导学生模仿猴子着急的动作，通过模仿，引出“抓耳挠腮”这个词。理解了词意，学生们就能很准确地用于讲述中。

4. 善用比喻，理解记忆。在教学中，无论是范诵诗歌、范唱歌曲、给学生讲故事，还是舞蹈动作、体育动作、绘画技巧的示范，教师不但要做到正确规范，还要善于运用一些浅显易懂的比喻手法破解难点，在学生的脑海里留下难忘的印象。如：画金鱼的尾巴时，可告诉学生们尾巴分开的叉像一片片的柳树叶。学生弄懂了尾巴的样子，就能较容易地画出来。

5. 找准异同，比较记忆。在引导孩子认识类似的事物时，可通过比较，找出异同点，帮助他们进行比较记忆。如：认识鸭子，可在认识嘴、爪时，出示鸡，让孩子对比鸡嘴和鸭嘴的形状，鸡爪和鸭爪的区别，根据不同，明确记住鸡、鸭各自的外形特征。

6. 发散思维，是思维者根据问题提供的信息，不依常规，寻求变化，获得多种答案的一种思维形式，其特点具有极大的主动性和创造性。因此可引导孩子多进行发散思维，创造性地掌握和记忆知识。在学习知识时，要引导孩子从多个角度考虑同一个问题，寻求多种答案，通过创造记忆知识。如：引导孩子用“天”字组成“天气”“白天”“星期天”等不同含义的词。又如：认识沉浮，可出示大小、颜色都相同的皮球、铁球各一个，让孩子们再想出多种不同材料的球来，让他们在发散思维中达到识记的最佳效果。

7. 布置作业，任务记忆。积极发展有意记忆。开始可把记忆任务与孩子感兴趣的活动联系起来，以后渐渐给他们提出一定的任务，让他们有目的地记住一些东西，培养他们的有意记忆能力。如：课堂教学认识长方体，除在教室里寻找长方体的东西以外，还要让学生回家找一找什么是长方体的，以此加深对长方体的直观认识。再如：在学校学习了儿歌或歌曲等，可让学生们回家表演给爸爸妈妈听，带着任务去记忆知识。

8. 综合归类，逻辑记忆。在教育教学中，教师要教给学生一些方法，使他们能把新旧知识有机联系起来，在物体之间建立逻辑关系，以拓宽记忆的广度。如：认识了各种船，可要求学生们先将其归类为水上交通工具，最后再引导学生把它们归类为交通工具。

9. 加强复习，强化记忆。学过的知识，如果不复习，时间长了也会忘掉，为此要不断帮助孩子进行复习。但复习的方式方法要多种多样，既适合儿童年龄特点，又能达到强化记忆知识的目的。

10. 进行一些增强孩子记忆力的游戏。考记忆：把六样不同的东西按先后次序排列在桌上，让孩子看上几十秒钟，然后遮挡起来，并要求孩子凭记忆依次说出这六样东西的名称。

辨颜色：让孩子闭上眼睛，说出爸爸妈妈穿戴的衣帽鞋袜是什么颜色的。如果家长也和孩子一起来玩这个游戏，将会引起孩子对这种游戏的更大兴趣。

找物品：当着孩子的面把八种不同的小物品分别藏好后，再让孩子将它们一一找出来。

飞机降落：将一张大纸作为背景贴在墙上，纸上画出一大块地方作为飞机场，再用纸板做一架飞机，写上孩子的名字，上面摁上一枚图钉。游戏开始后，让孩子站在离地图几步或十几步远的地方，先让他观察一下地形，然后，蒙上他的眼睛，要求他走近地图，并将手中的飞机恰好降落在飞机场上。

看橱窗：这个游戏适合在带孩子外出时进行。路过商店橱窗时，先让孩子仔细观察一下橱窗里陈列的东西。离开以后，要求他说出刚才所看到的东西。

点评

通常，一个孩子的短时记忆不好，往往会影响到上课听讲的质量；而长时记忆的优劣，则与孩子概念理解能力的水平高低有较大的关系。记忆是开启知识宝库的钥匙，依靠记忆，智力才能不断发展，知识才能不断积累。

培养孩子的理解和判断能力

陈庆现在上小学一年级。老师向他父母反映，陈庆的阅读理解能力不如别的同学，问他一个问题，他不能很直接地表达清楚自己的意思，而且还会越说越着急。一天，爸爸和他一起看书，读到有一个故事的名字叫“老猫一家”。陈庆却理解成为老鼠和猫是一家。特别是故事中有一句话：“史努比是一个老是不记得自己的主人是谁的可爱的大狗。”他居然理解成史努比的主人也是一只狗！爸爸不知道儿子怎么会这样，更十分着急如何才能尽快地提高他的理解能力。

理解，指的是对任何一件事物的了解的能力，如学生平时常说：“老师讲的我都理解了。”理解、判断、推理能力的发展，都属于人类高级认识阶段的抽象逻辑思维的发展，在心理学中称之为理性认识过程。人类掌握知识的过程，必须在理解的前提下进行，而理解能力正是在儿童时期逐渐培养和发展起来的。在对少年儿童的教育中，不断使他们的理解、判断、推理能力与进行抽象思维的自觉性逐步发展起来，是儿童思维向高水平发展的重要标志，也是他们成年后能在各项社会活动中，在高层次的教学、研究、设计等岗位上进行创造性劳动必需的心理条件和心理品质。

孩子在学习中，要想掌握知识，首先最重要的是能理解所学的知识。理解能力，又是在经验水平和智力水平的基础上培养与发展起来的。在家庭中，父母要利用各种时机有意识地对孩子提出一些“为什么”，让孩子勤思考、多动脑筋，勇于探索，养成从思考到理解、判断和推理的良好习惯，培养孩子的理解能力。

有一位爸爸是这样引导自己的孩子在玩水的活动中学会判断的：准备一盆水，此外是火柴棍儿、积木、竹筷、铁钉、曲别针、玻璃球。先让孩子自己去玩。孩子将各种东西放进水盆里，有的浮在水面上，有的沉到水底。孩子在玩耍中发现，木质的、竹质的都是轻的，于是做出凡是轻的东西都能浮在水面上的肯定判断；同样道理，重的东西都沉在水底，铁钉是重的，玻璃球是重的，所以铁钉、玻璃球自然是沉在水底。这时爸爸拿出一只空铁盒问他：“你说这只铁盒会沉还是会浮？”孩子毫不犹豫地回答：“沉。”可当爸爸把盒子放进水中，铁盒却一荡一荡地浮在水面上。孩子通过实验，于是理解，铁盒子尽管是铁制的，但它也是空的，空的物品有浮力，也能浮起来。就这样，孩子在玩耍中探索，在玩耍中进行比较概括和判断推理，认识了各种物体的体积、重量、形状和材料之间的关系。

父母也可以用阅读寓言的方法来检验孩子的理解能力：最低的理解能力是把寓言和童话故事混为一谈，读不出寓言的意义和隐喻，理解不到寓言所包含的思想意义或道理；较高的理解能力是能看出寓言中含有的道理和意义，并能把它转移到人的身上，只是概括的范围较狭隘；最高的理解能力就是立即能理解寓言的含义或隐喻，并能把抽象的道理和意义转移到人。此外，父母还可以从孩子对课文中人物的理解及其因果关系、矛盾关系，以及算术应用题的意思等来考察他理解能力的发展水平。孩子理解能力的培养、锻炼和提高，主要是通过在学校学习各门课程来完成的。

理解所阅读的内容，对于孩子来说是至关重要的。随着年龄的增长，孩子需要从课本中获取有价值的信息，由此阅读理解的技能便显得尤为重要。

提高孩子理解和判断能力的方法

1. 让孩子大声朗读。这样孩子就不得不把阅读速度放慢，使自己有更多的时间来处理所读到的信息。此外，孩子不但能够看到，而且也能够听到所阅读的内容。家长也可以跟孩子轮流进行朗读。

2. 为孩子提供合适的读物。要确保孩子进行大量的难度适中的阅读练习。在没有任何帮助的情况下，孩子应该能够认识其中 90% 的字词。如果生字生词大于这个比例，孩子为了搞清这些字词的意思就会停顿较多，影响对整篇文章大意的理解。

3. 重复朗读，提高流利程度。为了培养语感，并且更好地理解课文的意义，孩子需要快速流畅地朗读，这种技巧被称为流利程度。等到二年级结束时，孩子的朗读速度应该达到 200 字 / 分钟。重复朗读能够使孩子觉得阅读材料熟悉而简单，既有助于孩子深刻地理解字词，又能够帮助他读得更加流利。

4. 让孩子在玩耍中探索求知。掌握知识不全靠机械的记忆。知识更多的是在实践中发现获得，孩子掌握规律性的知识越多，就越能促进他的判断和推理思维的发展。

5. 满足孩子寻找事物原因以及事物间本质联系的求知欲望。引导孩子主动探索周围世界的奥秘，耐心、准确地给孩子解答“为什么”，鼓励孩子去多多发现“为什么”。

点评

理解是掌握知识的前提。不理解，就不能消化成为自己的知识。理解能力在整个小学期间是不断发展着的。

判断和推理是逻辑性思维，爸爸妈妈必须在孩子具体形象思维的基础上去发展他的抽象逻辑思维。日常生活和实际活动是孩子思维发展的源泉。

提高孩子的语言表达能力

朱小娅刚上一年级时胆子特别小，整天沉默寡言，不喜欢交谈，学习成绩也不好。老师对她父母说，如果不帮小娅从封闭的世界里解放出来，那后果不堪设想。爸爸一听急了，想方设法试图撬开女儿的嘴，挑起她的谈话欲，然而办法用尽，效果却是不佳。

周末的一天晚上，小娅坐在客厅里看儿童剧。爸爸见女儿看得聚精会神，似乎想到了什么。十多分钟过去，正好电视剧演完。爸爸开始做起文章来："哎呀！爸爸其实也喜欢看这个剧，刚才演的是什么？你讲给爸爸听，好吗？"小娅不作声，两只眼睛只盯着电视广告看。攻心为上，爸爸装出一副可怜巴巴相："小娅，爸爸真的很爱看这个电视剧，晴天小猪到底找到它的朋友了吗？爸爸很为它担心！"

小娅心软了，开始断断续续地向爸爸讲述刚才的剧情。

爸爸听了，心里有说不出的高兴。小娅虽然说的不多，而且讲得也不太清楚，但爸爸很满足。他摸着女儿的头夸奖说："谢谢你，小娅。"

从这以后爸爸就经常这样做，故事讲得多了，小娅也就越讲越流畅，条理也越来越清晰了。

可爸爸不满足于现状，他又试着给小娅出难题，有时他会弱智般地装着没听明白，让小娅详细讲、反复讲，帮助她进行最好的表达。爸爸甚至还故意挑刺找茬儿："小娅，你是不是搞错了？主人公不是死了嘛！"这一下挑起了小娅的好胜心，她据理力争："没死，主人公要是死了就没戏可演了。""那怎么会没死呢？"爸爸又引得小娅旁征博引地说起来。

小娅的性格一天一天在变化。她变得自信，变得开朗，话也越说越多，越说越出彩了。一天，小娅竟然出口惊人地说："将来我要做一个电视节目主持人！"爸爸马上因势利导："那好啊，不过要想当主持人必须学识渊博，各方面都得优秀，还要善于表达，胆子要大。我帮你去跟老师说说，让你当个班干部，锻炼一下怎么样？"小娅拦住爸爸："爸爸，我不要你去说，看我的吧。我要主动出击，竞选班干部，自己推销自己。"

现在，小娅已经是班上的宣传委员了。

一些家长在看待孩子的言语表达能力上存在以下误区：

其一，认为说话谁都会，生活在这个环境里，慢慢长大了就会说清楚了；

其二，认为没必要培养孩子耍嘴皮子的功夫，把话说出来，别人能听得懂就行了；

其三，桎梏于对少说多做的偏狭理解，认为埋头做事才是成才之道。

诸如此类的看法虽都有其合理的一面，但要推而广之，就会对孩子的成长造成极大障碍，影响其沟通、交往甚至思维能力的发展。

很多研究已经表明，如果父母能够在孩子的童年时代，就把孩子当作大人一样，经常和他聊天儿、探讨甚至争论，那么在这种环境下成长起来的孩子，将比那些跟随着沉默是金的父母一起成长的孩子，拥有更丰富的词汇量和更清晰、多样的表达方式。

帮助孩子提高语言表达能力的方法

1. 说说说，不停地说。请注意，这可不是鼓励家长成为整天絮絮叨叨的唐僧。爸爸妈妈需要做的，是把日常生活中发生的每一件事情，通过清晰准确、生动形象的表达告诉孩子。

2. 鼓励孩子把话说完整。家长切记要用规范的普通话与孩子说话，并且要告诉孩子——“你已经长大了，要把你的想法说完整”。鼓励孩子学会组织语言，把多种主要信息完整地表达出来，让别人听明白。力求表达过程中口齿清晰，用词准确，富于表现力。这对孩子逐步养成说完整的话——规范的语言非常重要。家长平时在说话时也要尽量说长句，家庭语言不要过于简单、呆板，要生动、幽默一些，为孩子提供样本。

3. 一起听歌唱歌。歌曲是孩子们接受和掌握语言的最佳形式，在学会旋律的同时，他们自然而然就记住了歌词。所以，家长不妨每天安排一些时间，和孩子一起听歌、唱歌。听唱的过程中，可以配合上相应的手势，帮助孩子理解歌词的意思。

4. 积累词语，多打比方。当孩子说：“阳台上花开了！”家长可以引导他：“能换一种说法吗？怎么样开着呀？像什么？”“像一只大蝴蝶，很好看。”

于是，让孩子学会了使用比喻。同时，要求孩子用词尽量丰富多样，避免语言单调贫乏。譬如，比好看更确切的词可以说漂亮和美丽等；晚上城市广场的灯亮了，用于形容灯的词有灯火辉煌、五颜六色、五光十色等。父母要有意识地重复一些新词语，并把它放在句子中来说，不断强化巩固，让孩子学语言一开始就有个高起点。

5. 用好家电设备，培养孩子的语言能力。家长虽然不能像专业老师那样来训练孩子，但可以用好 CD 机、MP3 这些孩子学习语言的好老师。给孩子反复播放故事录音，既省时间又学会了不少新词汇；既增强了记忆力，又提高了语言表达能力，可谓一举两得。比如有的孩子非常喜欢听故事，几乎每天睡觉前自己都要静静地听上半小时。时间长了，攒下了不少的 CD 盘，父母就引导他把这些光盘分成：故事类（童话、寓言、科幻）、诗歌类（古诗、童谣、儿歌）、知识类和音乐类等几类。

6. 不要随意指责孩子的发音。孩子在学习语言的过程中，肯定有吐字不清晰，甚至沾染了其他口音和错误发音的情况。这个时候不要模仿，更不要嘲笑他，家长只需要用正确的发音重复一遍这些话就可以了。敏感又聪慧的小家伙并不需要很长时间，就可以在父母若无其事的影响下，学习到正确的吐字和发音。

7. 有节制地使用电视和教育软件。父母不要因为孩子能够重复某句电视广告词而心花怒放，其实这是对孩子强大的语言模仿能力的一种浪费。因为电视里充斥了大量的不规范语言，而且无论是电视节目还是电脑学习软件，都很难做到与孩子之间的交互表达，所以它们对于提高孩子的语言表达能力也具有一定的局限。

8. 保护好小耳朵。孩子们很容易患上一些和耳朵有关的疾病，甚至会成为交叉感染的受害者。而一旦孩子的听力受到影响，他的语言表达能力也势必受到影响。所以，父母平时应多留意孩子的小动作，随时捕捉孩子耳朵方面的不适表现。

9. 多做语言游戏，玩出语言趣味。若要进一步发展语言能力，仅靠平时与孩子交谈是远远不够的。因此，父母可想方设法利用散步、睡前时间做你一言我一语的语言游戏。比如，开展家庭成语接龙比赛、家庭演讲比赛、猜谜语比赛（用儿歌做谜面的）。也可以做一些词语修饰游戏，比如举一个“风”字，可以引导孩子组成“柔和的风”“凉爽的风”“刺骨的风”“萧瑟的风”等形式。为了准备家庭成语接龙比赛，可以为孩子买来成语词典、成语故事光盘和参考书，孩子会主动去看，去记忆。同时，最好在孩子心情愉快的时候做这些游戏，使他觉得学语言是一项很有趣的事。既锻炼了记忆能力、应变能力、想象能力、思维扩散能力、概括能力等，又培养了他对语言的敏感和兴趣。

点评

语言的发展并不单纯仅是发音，实际上还包括文字、阅读的表达和理解。汉语的特点是概念要准确，近似的发音和近似的语言中，常包含着截然不同的含义。因此，在孩子入学之前就应当让他养成口齿清楚、概念准确的习惯，并要注意区别各种相似的概念、语言的不同点，以及所包含的不同含义，认清区别，正确使用。一个人在语言表达方面能否做到概念准确，清晰恰当地应用，不仅是他语言水平的体现，也是他智力水平的标志。

提高孩子的文学欣赏力

小茵很喜欢《卖火柴的小女孩》这个故事，常常让妈妈读给她听。但妈妈认为小茵只有六岁，还不能理解这个故事的真正意义。

最近，小茵又要妈妈给她读《人鱼公主》，但每次听完，她都要痛哭一次。妈妈于是把那本书藏了起来。可小茵不断地缠着妈妈，要求听人鱼公主的故事。妈妈非常担心：孩子六岁的小心灵怎么经受得起这样多次的刺激？

其实，父母不必过于担心。孩子的纯真心灵是不会因为听故事受到伤害的。小茵为人鱼公主的遭遇流泪，表示她能与主人公辛酸的经历产生共鸣；小茵之所以想听卖火柴的小女孩的故事，一定也是故事中的某部分情节引起她的好奇心和注意力，使她要求反复接触。这一切都表明，孩子已经具备文学欣赏的基本条件了，父母不妨趁机引导她进入更高层次的文学欣赏。

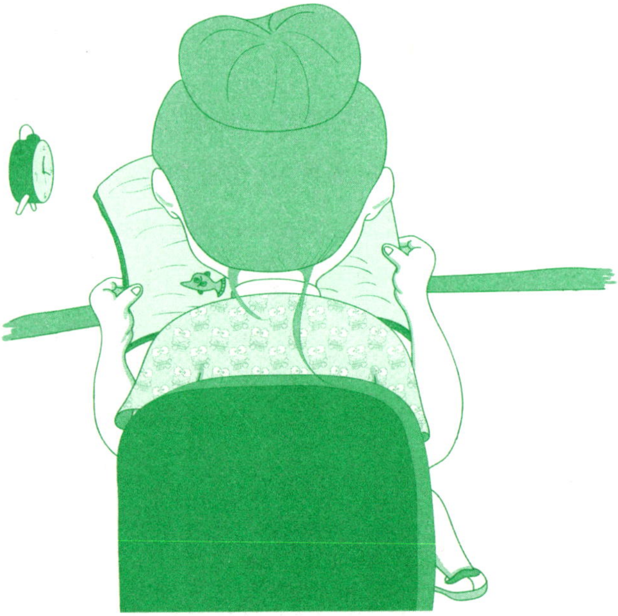

一般孩子对文学作品有三个层次的反应：

一是个人情绪上的直接反应；二是理解后推理的反应；三是批判性的反应。

当人们看一本书或一部电影时，往往会因内容的感动而或喜或悲，也可能在日后不由自主地深思它的内在含义。而且对作品的反应越强烈，故事中的人和事就显得越生动和难忘。

孩子被文学作品所感动，或是对故事的情节有强烈的反应，父母首先应该为此感到高兴。与此同时，还要采用适当的方法来促进孩子对故事的理解和对自身反应的理解。

提高孩子文学欣赏力的方法

1. 把故事戏剧化。可由父母读故事的叙述部分，让孩子编故事的对白，引导孩子从对话中感受故事人物的情绪。如人鱼公主说话时是哭还是笑，心中是喜悦还是悲伤。

2. 探讨改变故事情节的效果。如果王子知道事情经过的真相，故事会有什么不一样？如果人鱼公主没办法变成人形又会怎么样？如果听到结局美满的故事，你还会不会哭？

3. 分析人物行为的动机。假如你就是卖火柴的小女孩，你为什么要这样擦燃火柴呢？

4. 描述故事的背景。可以让孩子画出或说出她脑海中冬天的景色是什么样的，海底是什么样的。这项活动更有助于帮助孩子注意到故事中描述性的句子。

5. 激发表演兴趣。当孩子对故事有一定理解后，就可以让孩子加上动作进行表演了。父母可以引导孩子布置简单的场景，提供象征性的服装和道具。

同一个故事表演一两遍后，父母和孩子不妨交换角色，让孩子模仿其他故事人物的语言和动作，增加新鲜感。

点评

通过家庭阅读、家庭讨论和家庭表演这些活动，孩子不仅可以从中更加深刻地理解文学作品，还能发展语言表达能力、模仿能力和表现力。愿所有的孩子都能从小感受文学的魅力。

培养孩子的自信心

董先生的儿子小刚在念小学一年级时，就成了班里有名的“写作业慢手冠军”，为此没少挨老师、同学的白眼和家长的指责。白眼与指责之下，小刚果然“改正”了，从此，字写得飞快，数学题也算得飞快。结果，却又得了个“划拉大王”的称号。每次作业本发下来，几乎都是通篇一律的批语：字迹潦草，重写！

这下，小刚显得无所适从了——作业的速度和质量无法兼顾。然而，他又不得不在老师和他那很要强的妈妈的双重夹击下，小心翼翼地改过自新，就像走钢丝一样，战战兢兢，唯恐失败。

由此，董先生判定儿子在成长中所遇到的最大敌人就是缺乏自信。

不久，学校举行秋季运动会。缺乏自信的小刚这次自然也没报任何比赛项目。可是意外发生了：班里的体育委员在比赛前一刻突然肚子疼得厉害，无法参加60米赛跑了。由于学校规定每人只允许报两项比赛项目（接力除外），班里几乎无人可替代这一项目；如果弃权，就意味着班里的比赛成绩将大受影响。最后班长跟老师商量，本着死马当活马医的想法，让小刚顶替参赛。

小刚没说什么，能受到老师和同学的器重对他来说已是很陌生的事了，这次能承蒙错爱，走马换将，心里自然是高兴的。但他也很害怕，害怕跑砸了给班里丢分。

内心的矛盾还没梳理完，人已经站在了起跑线上。枪声一响，他都不知自己是如何跑下来的。到了终点后，他才知道自己竟跑了第三名，把四名同学甩在了身后！在同学热烈的欢呼声中，他又顶替体育委员跑了班级接力。尽管这次已经不像刚才跑60米那样忐忑不安，但小刚无论如何也想不到，轮到他接棒时原本处在第二位次，已经落后同位次的第一名选手十多米；可再到交棒时，他竟追上了跑在前面的外班选手，为本班最后一棒率先冲线奠定了胜利的基础。

老师把小刚的一鸣惊人之举很快告知了董先生。晚上回家后，董先生问小刚："为什么一开始不自己报两项，当作锻炼身体呀？"小刚激动地回答："我根本不知道自己能跑这么快。"

吃完晚饭后，董先生把儿子叫到跟前，郑重地告诉他："生命中只有一样真魔术，确实能移山、能填海，也能使无变有，让梦境成真。这就是要相信自己。"董先生给儿子解释了"有志者事竟成"的道理，要求他以后做事要尽力而为，力争达到目的，不要怀疑自己的能力，不要因自卑而顾虑重重、意志消沉，不然真会一事无成。接着，董先生鼓励儿子把在运动场上的胜利，转移到学习赛场上，增强信心，克服不足。

对症下药，果然药到病除。小刚的成绩有了明显上升，作业本上，再也不是往日的批语，取而代之的是一个个红色的对号和大大的5分，宛若喜庆的红绫彩绸，丈量着小刚成长的里程……

在现实生活中，有些孩子确实相当自信，尽管他们似乎并没有理由如此自信。比如：有的孩子唱歌时完全唱走了调，而他的声音却唱得最高。由此可以看出，每个孩子都不应该仅仅因为害怕自己做得不是最好而放弃去做的机会。然而，遗憾的是，有相当一部分孩子没有这种积极的态度。一个孩子只有在自我感觉良好时，才会有自信心。而这种良好的自我感觉，甚至早在他进入幼儿园之前，就已经开始形成了。

孩子与父母间的关系如何，在很大程度上决定了他的自信程度。如果孩子感到父母喜欢他，对他感兴趣，爱他并且尊重他，那么，他就很可能自我感觉很好，做什么事都有自信心。所以，当家长试图去培养孩子的自信心时，首先应该检查一下自己与孩子的关系是否有助于对孩子自信心的培养。

培养孩子自信心的方法

1. 让孩子更多地感受成功。成功是自信的力量之源，自信心的建立需要有成功的体验作为基础。孩子的成功机会越多，他就会更自信。例如拿孩子的学习来说，他的学习成绩越好，他对学习就越有信心，学习兴趣就越加高涨；反之，如果孩子在生活历程中充满了失败的记录，他就会怀疑自己的能力，做事时就会丧失对自己的自信，认定自己无论再怎么努力也学不好。因此，为了使孩子自信起来，家长要善于让孩子尝到成功的滋味，要多给孩子创造些体验成功的机会。

2. 不要拿孩子横向比较。对于自信心不足的孩子，家长千万不要拿他去和别的孩子做横向比较。不要认为没有比较就没有提高，也不要认为拿别人的长处来刺激孩子就能使他进步，其实一些盲目的、无谓的比较对孩子的伤害是非常大的，它将严重地打击孩子的自信心。有个孩子这样说：“妈妈专门拿我同好孩子比，专门拿我不行的地方同别人比。她越这样比我就越没有信心，比来比去搞得我什么也不想干了。”一般情况下，家长通常是在对孩子不满意的时候才去做横向比较的，殊不知，这样的比较会使孩子在心里产生自我否定，会使孩子感到自己是个没有用的人，会使孩子的自我形象认知严重受挫，更会使孩子的自卑心理雪上加霜。其实，世界上没有一模一样的人，人和人之间相互比较是毫无意义的。在这里奉劝家长一句，比是比不出好孩子的；如果真的要比，不妨试着拿自己孩子的长处去和别的孩子的短处比一下，只有这样比才会使孩子变得更加自信。

3. 对孩子要多鼓励少责备。人在本性中有获得肯定与赞美的需要，如果一个人能够感到自己是被别人赏识的，自己对别人来说是重要的，那他就会自然地产生愉悦的感觉，他的行动就会更加积极，做起事情来就会充满自信。成人如此，孩子更不例外。孩子的年龄尚小，他的心智发展还不很成熟，于是往往更倾向于通过别人对自己的评价（尤其是父母和老师对自己的评价）来了解自己。大家如果经常夸他是好样的，经常表扬他有进步，他在心里就会充满自豪和自信，觉得自己的确很优秀，的确与众不同；相反，如果孩子平时很难听到别人的夸奖，听到的净是些埋怨、挑剔、责备、训斥和挖苦，甚至一个小小的过错就被家长紧抓着不放，没完没了地批评，他就会觉得自己做人很失败，久而久之，更会对自己的能力产生怀疑，进而失去对学习和生活的自信，甚至产生逆反心理。

4. 培养孩子的特殊才能。父母可以根据孩子的兴趣和爱好来培养他的一些特长，从而建立孩子的自信心。最重要的是，父母应该让孩子明白每个人都有他自己的特长。父母还应该鼓励孩子多参与课外活动、社区义工活动等，这不但可以让孩子培养自己的兴趣，而且让他有机会接触那些需要别人关爱与帮助的人，并通过爱心和行动的付出，增进孩子的自尊心与自信心。

5. 随时巩固孩子的自信心。孩子只有在不断的鼓励中，加上自己不断地努力，才可以建立起自信心。当孩子遭受挫折时，父母应耐心给予孩子时间与空间，先了解清楚他们的受挫原因，再从旁正确引导与鼓励。当孩子可以重新站立起来时，父母更需及时、恰当地鼓励他们。

6. 要允许孩子犯错。一个从来不曾犯错的孩子，那他就永远不能够成长。父母很有必要与孩子分享一下自己过去曾面对的过错与失败，让孩子了解到爸爸妈妈也有不完美的地方。最重要的是，父母更要接受孩子的失败、挫折与过错，并让他有机会为自己所犯的错做出解释；之后，父母再从旁协助孩子找出失败的原因，鼓励他再次尝试。这样做，孩子的自信心在不断尝试中得到了保护。

7. 给孩子自己做选择的机会。周末带孩子出游，可以征求他的意见，但不要简单问："你想去哪里？"而是应该这样问："你想去动物园还是水族馆？"给孩子选择的范围，让他自己做出选择，进而增添对自己的信心。

8. 认真对待孩子的提问。孩子提出问题时，父母应耐心倾听。如果真的回答不了，不妨老实告诉他。要让孩子知道任何人都有做不到的事情，打消他对成年人的敬畏心理，从而增强自信。

9. 用商量的口气请求孩子做力所能及的事情。比如"把报纸拿给爸爸，好吗？"让孩子知道，被人需要是提高他自信心的最好方法。

点评

一个拥有自信心的孩子，会努力向着目标迈进，追求自我实现。这样的孩子，才能成长进步、适应环境。

帮助孩子增强意志

章玲玲从一年级下学期刚开始，爸爸就给她报了珠心算初级兴趣班。上课时老师要求有家长陪，回家还要每天完成一定的作业。可是由于爸爸妈妈都没空，玲玲上课时总是一个人听，学得还不错，每天在爸爸的督促下也能很好地完成作业。但随着作业量的不断增加，对于一个六岁的孩子，这份课外学习便显得枯燥无趣起来。一天她作业做到一半就停笔罢工了，说不想学了。妈妈心疼闺女，就说："是啊，这一页的题，真是很多啊，还要一天做两页。我看了都觉得很难。"可这样的说法好像并没有起作用，反被爸爸数落了两句："这种情况下和她这样说，不是助长她的畏难情绪吗？"然后爸爸又拉过玲玲，对她说："自从你学了珠心算，以前心算不会的题现在都会做了，连两位数的也难不住你了，多厉害呀！不信爸爸出道题你做做，23 加 16 等于几？"玲玲生

性比较好强，一向喜欢被父母提问问题，这次当然也会欣然作答，很快就运用珠心算的方法说出了答案。妈妈呢，这回站到了爸爸一边敲边鼓："这么快就回答上来了，妈妈还没算好呢！学珠心算真是好啊，确实让人长本领。"这样一来，玲玲也就安心地完成了当天的作业，而且在后来的学习中再没出现类似情况。在学期结束时的考试中成绩优秀，她顺利地完成了这门课程。

学习任何东西都是艰苦的事情，就算一开始是满怀兴趣而来，而且确实学得不错，也不能保证孩子以后不出现畏难情绪。那么，一旦孩子有所动摇，父母是不是为了保护他的兴趣就任他放弃呢？不能，这时候更需要父母帮他一把了。同情心是沟通的基础，紧跟的是要让他自己认识到学习的好处，是对自身能力的提升。因为每个孩子都有强大的梦想，这样的好处是他乐于接受的。

虽然兴趣的重要性无可置疑，但是对于应试来说，孩子的意志品质却更重要。这道理很简单：考试的科目设置和题目安排是不考虑学生有没有兴趣的，考试不会从学生的兴趣出发，只会从选拔的需要出发。而绝大多数学生却很难对所有的考试科目都感兴趣。不感兴趣也要学下去，还要学好，这就只好靠意志品质了。其实不难发现，那些考上重点中学和重点大学的学生，差不多都是在学习方面意志比较坚定的学生：他们能忍耐，能坚持，能控制自己的感情去做自己不感兴趣的事情；反之，也有很多学生，虽然十分聪明，学习成绩却不佳，或者严重偏科，他们的问题往往也出在意志品质上：他们怕苦，他们任性，怕苦和任性恰恰是意志薄弱的典型表现。这就是人们通常说的非智力因素存在问题，影响了孩子的学习成绩。

现在，大多数家长都懂得非智力因素的重要性了。非智力因素包括许多方面，对于孩子来说，意志品质应该是一个重点。因为，意志实在是太重要了。意志薄弱对任何人都是致命的弱点，它不只影响孩子的学习成绩，甚至还会影响孩子一生的发展。历史证明，杰出人物几乎都是意志非常坚定的人；而大多数的违法犯罪者都是意志薄弱者，正因为他们控制不了感情，抵挡不了诱惑。

如今孩子的意志品质总体情况实在令人担忧。这主要是家庭教育失误造成的。对独生子女生活方面的溺爱和迁就，势必助长他们的任性和怕苦。过度保护和包办代替严重妨碍了孩子意志品质的提高，家长管得太多，孩子就没有机会学会自己管住自己了。此外，家长对孩子学习上的过高要求也会破坏孩子的意志。因为意志品质只能在压力适当的情境中才能得到培养和提高，但压力过大就会导致放弃，意志根本无法发挥作用。

帮助孩子增强意志的方法

1. 凡是孩子自己能做的事情，家长绝不要插手，更不能包办。若一时搞不清孩子能不能做到，不妨让他先试一试，家长根据情况再决定帮不帮、帮到什么程度。请注意，孩子经过自己的努力就能做到的事情，家长哪怕只多帮一分，都是在阻碍孩子意志力的发展。这方面家长犯的错误太多了，而自己往往并不觉察。为什么？因为他们总怕孩子受委屈，他们心软。这种心软其实正是家长本人意志薄弱的表现，证明他们控制不了自己的感情。可见，要想使孩子意志坚定，家长自己首先要做一个理智的人，能保证自己的爱心不会泛滥。

2. 学会拒绝。对孩子的不合理要求，家长必须学会拒绝，否则就是在鼓励孩子放纵感情。这一点特别要注意的是爸爸妈妈和家庭成员之间要互相通气，保持一致，以免孩子钻空子。绝不可以认为谁满足孩子的一切要求就证明谁更爱孩子，那样反而会使孩子变得更加任性。任性是学习成绩不好的重要原因之一。

3. 延迟满足。对孩子的合理要求，即使情况允许，最好也不要立刻满足，要让他等一些时日，让他学会忍耐，让他知道这个世界不是为他一个人准备的，他想要的东西不是立刻就可以到手的。要磨孩子的性子，磨他的脾气，使他变得更有弹性，更有耐心，这对学习是非常重要的。因为学习是慢功夫，不能一蹴而就。

4. 学会撤退。当孩子遇到确实解决不了的学习难题时，家长不要硬逼他完成什么指标，要学会撤退。撤退不等于败退。撤退之后要想办法找内行的人看看孩子问题到底出在哪里，并加以解决。明明打不胜的仗硬要打，很容易摧毁孩子的意志。

5. 给孩子找点儿需要长期坚持的事情做。例如天天扫地，坚持晨练，写日记，照顾邻居老人等等，至少要能坚持一个学期。这种事情对培养孩子的意志作用很大。不过最好不要硬性摊派，要和孩子商量，让孩子自己下决心，做选择。中间如果孩子半途而废，家长也不要发火，要再给孩子机会。培养孩子的坚持性，本身就需要家长能坚持，不能急于求成，也不要讲什么大道理。培养意志靠的是行动，而不是说教。

6. 为孩子制订明确的目标。目标，是一个人行为做事的方向。让孩子朝着目标去努力，是锻炼他的意志力的起点。家长可以根据孩子的学习需要或兴趣方向为孩子制订一个长期或近期的发展目标，比方说，针对孩子的哪门功课薄弱，为孩子制订一个计划，每天做点儿什么，解决点儿什么问题，每周或每月达到一个什么目标，等等。目标的制订，关键要合理而切合孩子的实际，不要人为跨越，揠苗助长。

7. 狠下心来让孩子吃苦。困难和挫折是考验人的意志品质的试金石，因而古语说“自古雄才多磨难，从来纨绔少伟男”。其实孩子意志薄弱，在很大层面是由于家长的娇宠，舍不得让孩子吃苦。因此，家长要狠下心来让孩子吃点儿苦，让孩子在困难和挫折中培养勇气，磨炼意志。同时引导他不断逐步调整自己，以便为将来更好地适应社会打好基础。

点评

总而言之，能否培养孩子具有良好的意志品质，这是对家长教育艺术的考验，更是对家长毅力的考验。意志坚定的家长才能培养出具有坚定意志的孩子。

保护孩子的想象力

上了小学的达尔文仍然痴迷在自己的想象世界里，他拾到一块奇形怪状的石头，就会一本正经地对小伙伴说："看，这可能是一块价值连城的宝石。"捡到一枚硬币，也会神秘地对大家说："这是一枚古罗马钱币。"

后来，同学和老师都觉得达尔文爱撒谎，并向达尔文的父亲反映了这一情况。但父亲却并不认为儿子在撒谎，而是认为达尔文有很强的想象力。父亲还说："说不定哪一天，他会把这种丰富的想象力运用到他的事业中去！"

达尔文成年后随着英国皇家海军"贝格尔"号军舰进行了五年的环球科学考察，搜集了大批的动植物和岩石标本，写下了大量如实记录考察情况的日记，为创立生物进化论奠定了基础。

从上面的故事中也可以看到，如果没有父亲对达尔文想象力的正确认识和爱护，也许就没有了今天的进化论。

也许有些家长会不以为然，想当然地认为孩子们的想象没啥意义，也许只是胡思乱想。这种看法是不对的。列宁说过："有人认为，只有诗人才需要幻想，这是没有理由的，这是愚蠢的偏见！甚至在数学上也是需要幻想的，没有它就不可能发现微积分。"现实生活中的许多发明创造，都是从想象开始的。想象力强的孩子，思维活跃，总能想到与别人不一样的点子，成功的概率自然也高。

一次，一位学者问一群刚上一年级的小同学："花儿为什么会开放？"

有的小同学说："花儿睡醒了，想出来看看太阳。"

有的小同学说：“花儿想和我们比一比，看看谁的衣服更漂亮。”

有的小同学说：“太阳出来了，花儿想伸个懒腰，结果就给顶开了。”

有的小同学说：“大家的笑脸真好看，花儿也想看看是什么让我们这么高兴。”

当这位学者又用同样的问题问中学生时，他们却只有一个标准答案：“因为天气暖和了！”

原本具有奇妙想象力的孩子在应试教育制度的制约下，都记住了老师讲的所谓的标准答案，但却失去了宝贵的想象力。这不能不引起人们的思考。任何一个孩子都是极具想象力的天才，他们天马行空、稀奇古怪的想法也许正是想象力绽放的火花。然而，无数有着奇思妙想的孩子长大后却成了思想贫乏的人，对此教育者确实应负有一定的责任。

想象力是一个人智力的重要组成部分，是人的基本能力之一。缺乏想象力的人也是缺乏创造力的。

保护孩子想象力的做法

1. 引导孩子丰富头脑中表象的储存。表象是外界事物在人的头脑中留下的影像，是具体、形象的。多带孩子去博物馆参观，到郊区游览，参加各种公益活动或走亲访友等，都可以让孩子记住许许多多的生活表象。为了记得多，记得准，记得牢，还可以让孩子用语言描述把头脑中的表象再现出来。

2. 引导孩子扩大语言文字的积累。想象以形象为主，但离不开语言材料，特别是需要用口头语言将想象的内容表述出来。

3. 保护孩子的好奇心。培养想象的主动性，使孩子有强烈的好奇心，这是发展想象力的起点。当孩子发问时，父母一定要耐心完整地给予解释，然后还要反问：你为什么要这么问？你是怎么想的？进而培养孩子想象的主动性。最好是提出孩子感兴趣的问题，让他们去进行丰富的想象。

4. 重视和支持孩子做游戏。游戏是孩子的主要活动，每个孩子都喜欢做游戏，在游戏中孩子的想象力能够得到很大程度的发展。人们常常可以看到女孩抱着娃娃、男孩坐在小木凳上进行着各自的游戏，其实这也是他们想象力最活跃的时候：这时，他们完全忘记了自己，完全沉浸在妈妈、司机的角色扮演中。因此，孩子游戏玩得越丰富，想象力的发展也越好。父母应重视和支持孩子做游戏。

5. 培养孩子绘画、音乐方面的素质。绘画或听音乐、弹奏乐器是孩子眼脑手密切配合、多种心智机能同时参加的智力活动，能够激发孩子的观察力、记忆力和想象力。比如，在绘画中，他们把自然界的星空浮云、花草树木、飞禽走兽等，都想象成和人一样具有喜怒哀乐的情感。这些想象是丰富、奇特而大胆的。

6. 做手工也是一种好方式。给孩子提供足够的手工材料，如：颜料、蜡笔、剪刀，各式各样的盒子和胶水等，教孩子制作模型和其他手工艺品。记住不要一下子把一大堆东西放在他面前，那样孩子将不知从何做起。

7. 允许孩子奇思妙想。孩子虽然没有成人那么多的知识经验，但却可能更富有想象力，因为他们更少具备固定的答案与思维模式。培养想象力所需要的土壤是宽容的、放松的、自由的和多样的。因此，如果孩子对一个父母早已认为不是问题的问题思考时，请允许他的奇思妙想。

8. 留给孩子想象的空间。现在大多数家庭都是独生子女，周围有太多相对孩子更博学的成年人，很多时候，只要孩子发问，父母就会赶快作答，生怕破坏了孩子的求知欲，生怕被孩子看扁了。结果却是孩子习惯于得到一个标准答案，进而懒得去思考，更不要说去开启想象了。

9. 让孩子做一些收尾工作。一年级的孩子独立完成一件事情的能力有限，比如讲故事、画画等，父母不妨让孩子看着自己先做一部分，然后留下尾巴让孩子来完成。比如：讲一些有启发性的故事给孩子听，让孩子续编下面的故事情节，使孩子有发挥想象力的机会。当孩子讲了一部分后，父母也可以再接着讲，讲到下一个关键的时候，再让孩子讲。像讲《雪孩子》的故事，在确认孩子理解了故事内容后，可再提一些扩展性的问题。如：“雪孩子遇到火后为什么会不见了？它去哪里了？”孩子会从中了解到一些科学道理（雪遇热融化，变成水；在阳光照射下，水又变成水蒸气升到天空中，形成云）。

点评

想象力使孩子展开思维的翅膀。古今中外的事例证实，凡是具有丰富想象力的孩子，大都有着强烈的责任感和好奇心，有着学习研究的热情，也表现出顽强的意志力，而且勤奋乐观，还有较强的独立性和智力水平。所以，伟大的爱因斯坦说得好：“想象力比知识更重要！”

提高孩子的听课能力

有一位叫葛闲闲的孩子，刚上小学一年级不久，他的爸爸却常常被老师请到学校去，老师反映他上课的时候根本不听讲，经常下座位乱跑，有时还跑到黑板边，严重影响了别的同学。还有课间操也从来不做，自己跑到一边玩。

爸爸仔细了解了情况，发现儿子不听讲的主要原因是因为现在老师讲的内容他在幼儿园里都学过了。可老师还说，葛闲闲严重影响了别的同学，有很多孩子跟着他学。回家后，爸爸和葛闲闲好好谈了谈。不曾想，关于纪律的重要性，上课该做什么不该做什么，乱跑为什么会影响别的同学……葛闲闲分析得头头是道。爸爸一听，儿子不是不懂道理啊！于是他和儿子约法三章。上课时即使内容已经掌握，也要老老实实地待在座位上；作为让步，爸爸允许儿子可以自己想些难题，想些心事。

虽然爸爸也知道儿子不可能改变得那么快，但第二天听到老师说情况有好转，还是松了一口气。可没过几天老师又打电话给爸爸了。葛闲闲现在倒是不往黑板前跑了，似乎迷上了建筑，老师上课，他一个人趴在课桌上看关于建筑方面的画册。老师说，把他的画册没收了，他就听老师讲了一会儿课；等老师一转身在黑板上写字，他又从书包里掏出另一本画册。

葛闲闲是个特别聪明的孩子，爱动脑筋，反应快，领悟能力、记忆能力都很突出。对于喜欢的事情特别有专注力。这些优点在学围棋、学琴、学游泳等爸爸陪着他学的兴趣班上，已经被几位老师都肯定了。可是如果上课他总不听讲，一二年级的课程也许还不成问题，但再往后呢？爸爸也不知道该怎么做了。

目前有相当一部分孩子上课时注意力不能持久集中，这在某种程度上不是不想，而是不能的问题。家长与其把教育重点放在批评与严厉约束上，不如仔细分析注意力分散的具体原因，然后对症下药，给他们以最恰当的帮助。

像闲闲一样，各方面表现优秀的孩子，大都有着比较好的听知觉能力，能

对听到的信息高效地进行解码编码，因而表现出反应快、接受能力强等特点。由此可见，听知觉能力对孩子的注意力水平、听课质量的提高都有非常重要的作用。

更重要的是，听知觉能力对孩子的学习成长起着非常重要的决定作用。由于不论是老师教学还是家长耳提面命地辅导，都需要孩子将所听到的信息转换为自己的知觉模式，进行学习记忆，如果孩子在这个环节上出了问题，就会影响他对信息的接收和吸收。有的孩子在英语学习中，听力存在很大的障碍，即使听到了，都不能正确辨别；有的孩子虽然智力水平、知识结构上具备了听课能力，但对教师讲课内容却充耳不闻，听课效果极差。这些都是听知觉能力差的表现。

学生上课注意力不集中的原因

一年级小学生由于处在特定的发育期，注意力易分散，一般不会较长时间专注于一件事情。上课是刚入校孩子的新的学习生活，一时半会儿还不适应。除此之外，主要还有以下几点：

1. 上课走神有可能是因为孩子不能理解老师的授课内容，老师所讲的知识未能进入孩子已有的知识结构。这时应当提高孩子的理解能力，弥补上知识的空缺之后，他们就能够理解老师所讲的内容，能与老师进行沟通了，注意力也会长时间地集中在课业上了。

2. 一些孩子上课爱发言，但涉及写作业、抄课文时则会出现注意力不集中，拖拖拉拉的现象。这是因为孩子的视觉分辨力和视觉广度及精细肌肉动作能力落后，不足以应付大量抄写任务，也就是教育心理学称为的“视动统合能力落后”，需进行一些专项的小训练加以调整。

3. 感觉动作能力的落后也是孩子上课注意力不集中的一个常见原因。如有的孩子已经上小学了，但仍然不会翻滚，不会接、抛球，不敢走平衡木，更不会跳绳，不会辨别方向。由于身体本体感觉的混乱，外界的物质世界也是混乱无序的。更重要的是，这种动作功能的落后，妨碍了他们从外部世界中提取有用的感觉信息。这些感觉信息未能传达到大脑，从而出现了视而不见、听而不闻的现象。

其实，孩子上课不注意听讲，除极少部分真正患有多动症外，相当多的是由于缺少一种重要的学习能力——听讲能力（也叫听知觉能力）。听讲，是人们获取信息的重要途径，听讲能力的高低是影响孩子能否聚精会神听讲的重要因素。一般来说，人的听知觉能力包括分辨能力、记忆能力、理解能力、编序能力和听说结合能力。

让孩子掌握正确听讲的方法 ?

如果孩子上课总走神，听讲能力差，那么家长可以尝试以下方法：

1. 在听到上课铃响后，要让孩子马上意识到已经上课了，思想上真正进入听课状态，这对听好课很重要。如果做不到这一点，上课后相当一段时间精神处于涣散状态，或仍处于课间发生的事的情境中，那么老师开始讲的重要内容就听不到，这正是不会听讲之处。训练方法很简单，就是针对个人情况进行上课程序的模拟训练，家庭辅导时也打铃，说上课、起立，要求鞠躬，每天坚持训练多次。

2. 听课效果的好坏，关键是能否抓住新知识点。如果孩子能够捕捉住老师讲课的新知识点，思想紧张，集中精力听课 20 分钟左右，这节课就会达到相当好的效果。这是学生会听讲的最高境界。要达到这个境界不易，但也不是做不到。如果能从一年级开始训练一段时间，孩子将终身受益。方法是：家长头天晚上带着孩子把第二天要学的新内容翻翻，与孩子共同找出新知识点，逐渐过渡到让孩子自己找。第二天听课时，他马上就能捕捉到。别小瞧这一点，如果能培养出孩子捕捉新事物的敏锐能力，说不定他将来就会成为发明创造专家。

3. 督促孩子在课堂上坚持随着老师做例题、练习题，做题的过程中要注意有意识地思考、运用刚讲过的新知识点。这也是会听讲的一个要求。

4. 家长应尽量要求孩子复述课堂内容，谈谈给他印象最深的问题是什么，谁的回答得到了老师的称赞，这也是检验孩子上课听讲效果的一个好方法。

5. 家长可以有意识地训练孩子的听话能力，比如同时安排三四件事，要求孩子先干什么，然后干什么，最后干什么，然后在一旁观察孩子在执行中是否完全理解了要求。这是一种非常好的训练，有助于孩子系统地记忆事物。

6. 用故事和榜样为孩子建立一个注意听讲的好孩子的形象，并提出希望促使孩子向他学习。

点评

小学生的文化知识积累主要来源于课堂，上课听讲是确保取得好的学习成绩的最简单、最省时、最有效、最经济的途径。如果一个学生上课时不会听讲，那么任何形式的补课都是无效的。作为家长，这一点必须正确面对，不能回避。父母要对孩子上课不听讲的现象全面彻底地了解，最好到校和孩子的任课老师取得联系，弄清楚究竟是哪些课上不听讲，不听讲的原因是什么，有多少时间不听讲。这些具体情况一定要了解清楚，以便为今后采取教育措施提供必要依据。

提高孩子的自学能力

每天林林写完作业，爸爸总会让他口述当天学过的例题、口答课后的习题。如果哪一道答错了，爸爸就在那道题的旁边打一个“？”，但从来不讲解，始终让林林自己看书、思考、更正。孩子拼命地动脑筋，满头是汗，不停地自问：“怎么错了？怎么错了？”爸爸也只是默默地看着他，耐心地等待。就这样等呀、等呀，直到林林终于惊喜地叫起来。另外，爸爸还会利用散步、洗脚和躺在床上临睡前的时间，再问一些类似的题目，看林林是否真正理解掌握了。每天晚上，他会布置林林默写英语单词，错了的，自己更正，并记下来，再反复默写、检查。周末的晚上，爸爸会教林林读《三字经》，但不再像从前那样一直陪着他读，而是针对其中一段领他读10遍左右，然后让他自己开始计数读。每读一遍就画一笔，每5遍画一个“正”字，直到读满200遍。

一般情况，领林林读10遍后，他自己就完全可以独立诵读了。爸爸会先让他自己读几遍听一下，如果还有不认识的字就再单独教他用拼音拼一拼，然

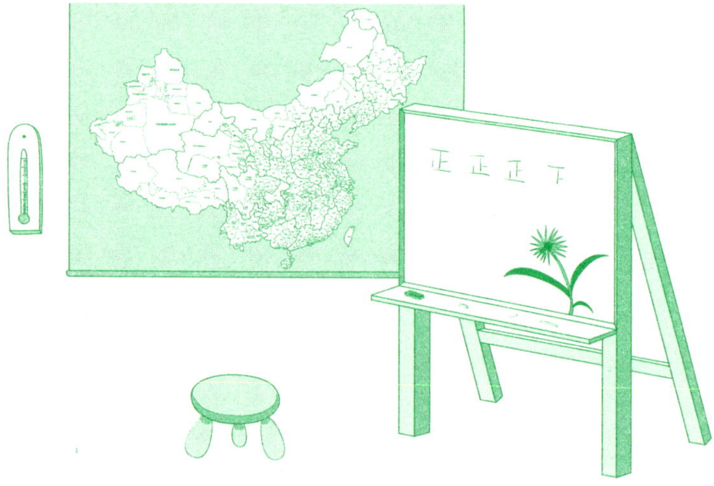

后再让他自己往下读。最后，爸爸会说：“你自己读20遍，然后来找我背。”林林便指着字开始一遍一遍地读，读满4个“正”字的时候跑来向爸爸报告：“我读完20遍了。”然后开始给爸爸背。如果还有背不下来的地方，爸爸就会让他再去读上10遍或20遍，然后再来背。就这样，林林现在基本上可以独立学习，按爸爸要求读够遍数，直到背下来为止。

小家伙正在努力大声地读着经典，爷爷看他读了挺长时间，就说：“要不，读完这遍休息一会儿吧。”林林却抬起头来，认真地回答爷爷：“爸爸让我读10遍。我读了4遍，还差6遍没读呢。”爷爷悄悄地跟爸爸说：“瞧他认真的。”

良好的自学能力不是生来就有的，也不是一朝一夕形成的，而是在长期的自学活动中逐步培养起来的。自学能力的培养和形成有一定的规律和原则，如果遵循这些原则进行培养，孩子的自学能力就会提高较快，自学效果也就更好。

提高孩子自学能力的方法

1. 掌握合理的学习和生活节奏。有的孩子在家看书自学时，虽说在书桌边也能坐上一两个小时，其实心不在焉，学习效率很低。因此有必要为他们制订一张自学作息时间表，把学习、娱乐、阅读课外书籍等时间进行合理分配，决不让宝贵的时间在无所事事、百无聊赖之中白白流失。

2. 预习和复习。预习和复习两者中，预习尤为重要。预习时，可粗略浏览第二天要学的内容，一方面在不懂之处做上记号，以便听课时有的放矢；另一方面边看边思考，记下要点，这样听课时就能有所侧重。复习时应把白天课堂上老师讲的内容加以归纳整理进行消化，再阅读有关辅助读物。反复练习习题，加深理解。

3. 注意方法。为了达到记忆目的，应注意自学方法，可以用首字法（即以每段、每个要点或每个要素的第一个字为记忆重点，以引起后面内容的回忆）、口诀法（即以被记内容中某几个重要的字组成口诀）。通常睡前与醒后记忆效果最好，这两个时间段应该充分利用。另外要知道，分时记忆优于集中记忆，综合记忆优于整体记忆，及时记忆优于过时记忆，有兴趣的记忆优于枯燥记忆。

4. 独立思考。家长要鼓励孩子独立思考，不从众、不唯上、不唯本，让孩子学会多角度、逆向思维，打破不良的思维定式，培养创新思维。

5. 融会贯通。深奥、抽象的知识是在浅易、具体的基础上发展起来的，因此是可以循序认知的。只要找到共同点就可以实现纵向迁移和横向迁移。当然也要弄清雷同或相似的知识，不要使前面的知识排挤或干扰后面的知识，这会导致负迁移。

6. 养成良好的自学习惯。养成自学习惯就是一个人把自学当成吃饭、穿衣、洗漱等活动一样，是每天必须完成的一种活动。有了好的自学习惯，如果哪一天不进行自学，就会浑身不自在，就像不吃饭、不洗漱那样感到不舒服。

7. 培养孩子对学习的责任感。不妨给孩子订一条自报规矩，即每天放学后，简要地向父母报告课堂上讲了些什么，自己是怎样回答的，等等。这样做，不仅说明父母关心孩子的学习情况，同时也有助于孩子养成自我监督的习惯。

8. 在家里准备一些直观学具。如在墙上挂一些地图、压力表、温度计，或买一些天文仪器、化学实验材料、动物画册等，这些直观学具能引起孩子自学的兴趣。

9. 开展一些有益的家庭智力游戏，这样能使孩子开动脑筋，集中精力，勤于思考。

点评

爱迪生一生1000多项科技发明的成就令世人惊叹。实际上，他正是在母亲的指导下，通过自学成为发明大王的。父母在指导孩子学习时，如能重视对孩子自学能力的培养，将对孩子的学习发生重要的促进作用。可以说，学习成绩总是提不上去，很大原因就是自学能力较差，这是因为在强制条件下的学习很难有大的成效。让孩子在学习中掌握真正的自学能力，这比死记硬背去记忆大量现成的知识更为重要。因为一个人即使掌握了知识也可能遗忘，而学习的能力却不容易丧失。

提高孩子的应试能力

盈盈正在读一年级,还有一个月就要期末考试了。盈盈上进心强,学习用功,可就是在考试中总犯不该犯的错误:审错了题,把加看成了减;草稿纸上计算出了正确答案,等到往卷子上抄写时却抄写错了。更让盈盈感到不解的是,有些题考场上怎么也做不出来,可卷子一收,立刻就想起来该怎么做了。会做的题却得不到分,多冤!多惨!盈盈跟爸爸妈妈说,爸爸妈妈就说她还是考试紧张,并反复告诉她以后考试一定要细致、认真,不要紧张。可盈盈下一次考试,还是会犯同样的错误。盈盈的爸爸妈妈起初还能耐心叮嘱盈盈一定要细致,可到后来,不知是因为对分数着急还是听烦了女儿的申述,开始对盈盈发脾气了。盈盈的爸爸还说:"你第一次踩香蕉皮摔了跟头,我们已经告诉你要小心了;你第二次踩香蕉皮,我们还是叮嘱你走路要多留心。可你总踩香蕉皮,一考试就紧张,那点儿事叨叨了上百次,你还叫我们说什么?"从此,盈盈不敢再在爸爸妈妈面前说出自己的委屈和烦恼,可考试不能正常发挥的阴影却始终压在她的心中,盈盈越来越害怕考试了。

考试对每个学生来说,可谓家常便饭。在各种各样的考试中,有的考试能决定人的命运,有的考试则仅仅为了让人心中有底。但是,无论大考小考,都要把它看成是锻炼自己实际应战能力的好机会，尽可能充分地发挥自己的水平。

提高孩子应试能力的方法

1. 考试时心情不要过于紧张。紧张情绪是大脑对事物进行正确分析、判断的最大障碍。由于过度紧张，大脑神经活动紊乱，人的认识能力和概括能力明显下降，造成记忆反应模糊、语言表述不切要点，也就考不出应有的水平。所以，要引导孩子考试时尽量放松心态，多做做深呼吸，把考试当成是一次练兵的好机会。

2. 要仔细审题，弄清题意。教会孩子答题时一定要弄清问题，根据条件，寻找正确的答案，不能因毛毛糙糙、弄错题意、答非所问而造成失分。

3. 认真答题可谓得分关键。有的试题表述难度较大，往往需要几个方面学习内容汇集在一起，才能算答题完整；有的试题甚至要先找一些过渡条件，才能转到正题。这些，就需要教会孩子动一番脑筋，不要提笔就答，应该先冷静构思一下：先答什么，后答什么，如何表述才能更清楚、更准确，然后再动笔，这样正确的把握性更大。

4. 针对试卷的选择题比较多。几个选项放在一起，似是而非，似非却是。对待这类题目，要告诉孩子注意分析、仔细推敲。有些题可以比较一下，有些题不妨用笔算算，选一个最合适的选项。一般来讲，如果平时学得扎实，加上仔细判断，这类题是比较容易回答的。

5. 卷面书写一定要认真规范。在各种考试中，由于书写不认真、涂改现象严重、格式不规范造成失分的现象不在少数。

6. 为孩子打气。不要让孩子单独面对压力，要学会为他打气加油，帮助他以乐观的态度面对考试。适当的压力能带来正面的影响，像激发思考、发现潜力等；但当压力过大，就会出现害怕、失眠、没有胃口等现象，对孩子的身体和心理都会造成负面影响。家长不可掉以轻心。

7. 帮助孩子增强记忆。最佳的记忆方法是把课文在前一晚先背诵第一遍，第二天早晨再温习一次。在八九个小时内将所记忆的东西重新复习一遍，就能在大脑中留下深刻记忆。此外要劝孩子不要开夜车，因为临时抱佛脚的恶补方式，对记忆一点儿好处都没有，只会让孩子在上考场时疲惫不堪、紧张失措。

点评

要想让孩子在考试中获得好成绩，取得成功，家长必须让孩子牢记：情绪稳定，冷静思索，充满自信。

把爱护和培养孩子的兴趣放在第一位

卡尔·威特有一个教育原则，就是“教育不能强迫”。不管教什么，他总是先努力唤起孩子的兴趣，只有在孩子表现出强烈的兴趣时，他才开始教。小威特7岁时，老威特经常带他去听音乐会。有一次中场休息时，小威特看着印有歌词的小册子问父亲：“爸爸，这不是法语也不是意大利语，是不是拉丁语？”老威特说：“不错。你想想看，它是什么意思。”于是小威特从法语和意大利语进行类推，基本上猜到了大意。他兴奋地说：“爸爸，既然拉丁语这么容易，我为什么不早点儿学呢？”这时，看到儿子如此感兴趣，老威特觉得条件已经成熟，这才开始教他拉丁语。结果，小威特只用了九个月就基本掌握了。

有一个名叫蓉蓉的孩子，刚满六岁时，看到邻居家的明明已经背着小书包上学了，于是也吵着闹着要爸爸带她到学校报名。爸爸说：“等你明年七岁了再上学也不迟。”可蓉蓉就是不听。爸爸只好依了她。开学后，同学们一个个都端端正正地坐在教室里，听老师教大家发音。老师在黑板上写着

一个个拼音字母，同学们都感兴趣地跟着老师一边写一边读，有时还轮流站起来一遍一遍大声念。唯独蓉蓉既不吭声，也不写字母，一点儿学拼音的愿望也没有，只是偷偷在课桌下玩书包里装着的玩具。

蓉蓉这种对学习不感兴趣的行为，实际上是孩子在学习上的求知欲尚未被唤醒。这时，家长不要着急，更不要误解孩子出了什么问题。

事实研究表明，孩子童年时期的兴趣，在一定程度上决定他未来事业发展的方向。虽然不是绝对，但孩子对某件事物的浓厚兴趣，往往会成为他在该方面取得成功的先导。

孩子天生就具有强烈的好奇心和求知欲，家长该怎样保护和激发他们这种美好的天性，让学习成为一件赏心乐事呢？

恐怕大多数父母都希望孩子对于学习这件事，有着浓厚的兴趣和发自内心的喜爱。孩子在生命的最初几年，也总是能让父母如愿以偿地看到他们对周围事物的好奇和探索。可惜，这种与生俱来的好奇心和求知欲并不能持续一生，孩子们似乎总是在他们最该好好学习的阶段却开始厌学。那么，有没有办法能够从小给孩子培养学习的乐趣，建立学习的习惯，帮助孩子更长久地保持好奇心和求知欲呢？下面是一些日常生活中的小建议，父母们不妨尝试一下。

鼓励孩子对学习充满兴趣的方法

1. 和他分享父母的热情。无论令自己着迷和激动的是一场比赛、一门艺术、一项科技，还是一盘拿手菜，父母都应该让孩子感受到从中获得的乐趣。如果爸爸刚刚兴奋地读了一篇文章或者看了一期《科技探索》节目，就应该把这种兴奋转移到孩子身上。比方可以大致讲述自己刚刚了解到的内容，让孩子知道到底什么让爸爸感到有趣。虽然他也许不能充分理解其中的奥秘，但是至少能够感受到父亲的热情，并且向他传达了一种信息：大人也喜欢学习。

2. 用书籍包围他。哈佛大学的研究表明，如果孩子随处都能接触到书，那么他的阅读兴趣就容易被激发。所以，在孩子的身边多放一些不同种类的印刷品，报纸、杂志、书籍……是让孩子爱上读书的一个好方法。所以，不要把家里的藏书束之高阁，而是要放在孩子随手可以拿到的地方，餐桌、床头、沙发靠背甚至汽车后排座位上。从孩子很小开始，家长就可以给他一些旧报纸、旧杂志，任凭他把它们撕得七零八落。慢慢地，在家里确定一个看书或者讲故事的时间，让阅读成为一种习惯，并且让孩子从中感受到乐趣。

3. 从孩子的爱好入手。如果孩子迷恋恐龙，父母可以经常带他去自然博物馆，或者到图书馆里给他借一些史前动物的画册。当然条件允许的话也可以买一些模型玩具，随时在家里上演侏罗纪大战。不要因为孩子迷恋一些冷僻的知识而失望或担忧，恰恰是这种独一无二的爱好更能够维持得长久。美国芝加哥大学针对天才运动员和天才艺术家进行的一项调研结果显示，这些人的共同之处就在于，他们的父母都是从很早就开始认可和鼓励他们的特殊爱好，并且尽最大可能提供帮助的。所以做父母的使命可能就是：为孩子指出方向，扫清前进障碍。

4. 每个小孩儿虽然性格不同，但相信轻松的、游戏方式的学习是可以克服孩子抗拒学习和做作业的心态的，而且可能会有意想不到的效果。

根据一年级学生的年龄特点和心理特征，总结出了一种变学习为游戏的学习方法，具体操作如下：

☆制作学习游戏卡。例如，给孩子制作明信片大小的 76 张 20 以内的红色加减法试题游戏卡。每张卡的一面写上一道 20 以内的加法试题，另一面写上对应的减法试题。如一面写上 2+3=，另一面写上 5-3=。再制作 81 张表内乘除法的黄色试题卡，每张卡的一面写上一道乘法试题，另一面写上对应的除法试题。如一面写上 2 × 3=，另一面写上 6 ÷ 3=（这种游戏卡，每一面的第一个数字正好就是另一面算式的答案，因此这种游戏卡操作方便，容易判定答案）。最后再制作两面都写上相同数字的 0 ~ 9 的 10 张绿色答案卡。

☆把同音字穿成串。例如，学习汉字可以采用归纳的方法，比如，把同音的字组成一首歌谣或者组成一个小故事，便于联想和记忆。

☆歌诀法。歌诀记忆法就是针对需要记忆的知识利用音韵编成，融知识性与趣味性于一体，唱念起来朗朗上口，利记易诵。

☆猜谜法。就是把一些知识编成富有知识性、趣味性、形象幽默的谜语进行记忆。

☆布置生活化的学习任务。布置一些与日常生活和学习有关的任务，让孩子用所学知识来解决生活中遇到的问题。这样做容易激起孩子的主动探究和学习兴趣，在任务的完成过程中，孩子就巩固和掌握了相关的知识。

点评

孩子之所以爱玩游戏，是因为游戏有趣，能引起他浓厚的兴趣。从这一点出发，如果家长能提高学习的趣味性，将孩子的学习内容和学习过程设计得像游戏一般，让孩子感到学习知识原来如此有趣，就会极大地激发孩子学习的兴趣，从而产生发自内心的学习动力。

用爱心帮助孩子获得学习的自我价值感

周先生一家过年从老家回来后，发现儿子小琪越发地顽皮了，总是跟父母唱反调不说，还整天就知道疯玩，根本不肯学习。周先生刚要批评指正，他就跟你犯犟：“我就是农村的孩子，没文化，怎么着？”噎得周先生干生气没对策。

周先生经过几天的冥思苦想，为了纠正儿子的不良习惯，也为了端正自我态度时刻约束自己，最终他决定：做一个“光荣榜”。

周先生先找来一张 A4 纸，用红色水彩笔双线勾出五个大字：“小琪是个好孩子”（其中“是”和“个”用单线小字加拼音修饰），然后，让小琪和自己一起在双线字中涂上喜欢的颜色。再在字下面画一排小花作为分隔线，花上方和底边处分别画上一排小草作为装饰，使整个画面看起来充满生机。小琪还在页面的左上角画了一个太阳娃娃。这样，漂亮的、富有生趣的“光荣榜”就做成了。小琪欣喜地高高举起，欣赏着，满屋子转着，吵吵着要贴在一个家里最显眼的地方。

连着两天过去了，“光荣榜”上依旧是光洁如初的样子。周先生尽力找寻着，希望写上去的事迹不再是老生常谈的过去。小琪也在努力克制着自己。直到第三天、第四天，终于有了质的飞跃。下面是两段榜文：

榜文1：3月7日晚上，小琪主动要求学习，而且学得非常认真！爸爸非常高兴。表扬！

榜文2：3月8日晚上，小琪再一次主动要求学习三本书，虽然很困，但是一直坚持着，而且很用心。表扬！爸爸答应了，连续表扬10次，就发给一个大奖状！加油！

周先生强制自己把批评儿子的话全部改成：“小琪是个好孩子！”真奇怪呢，话一说成这样，心情立刻就变了样子，接下来的语气自然而然也柔和了许多。原来，生活的态度竟完全取决于口腔的发音！对儿子说一句赞美的话，让周先生也保持了一份愉悦的心情！

爱可以让孩子获得自我价值感，这是让孩子愿意接受这个世界的最基本的东西。有些家长认为，经常表扬孩子，孩子才会拥有自信。其实，接受孩子比表扬孩子更重要。接受孩子，就是不管他是什么样的，家长都能接受；而不是孩子能给自己挣面子、让自己高兴的时候，家长才乐意接受他。当孩子意识到爸爸能够接受一个真实完整的自己时，他才会自信。

给孩子以爱心，使其获得学习的自我价值感的具体方法

怎样爱孩子才能收到良好的教育效果呢？父母应注意做到以下几点：

1. 用爱的语言鼓励孩子。在生活中，肯定孩子的点滴进步是巩固孩子的好行为，养成良好习惯的重要手段。比如孩子看完书后，能立刻收拾好而不是随手乱扔，家长就应及时表扬“你这样做真好”。这样孩子就会逐渐巩固自己的

好行为，养成好习惯。

2. 表达爱的方式要恰当。孩子的年龄、性别、性格、爱好各有不同，所需的表扬方式也不尽一样。如小孩子喜欢父母的搂抱和爱抚，而对稍大的孩子，一个特定的手势、一个微笑、一个眼神都是表扬的方式。表达方式应因人而异。同时，长期重复一种表达方式也会失去效用，所以应注意要有新意。

3. 用爱的胸怀包容孩子。家长面对孩子的学习，无论成绩好坏，都要耐心对待，否则急于求成，就会造成欲速则不达的效果。有些家长看到孩子成绩差，就把孩子打一顿。这样做不但对孩子没有什么帮助，反而还会造成相当大的精神压力，长期下去，会形成抑郁心理。

4. 把爱的机会还给孩子。一个女孩正在家里写作业，爸爸下班回来了。她马上沏了一杯茶，递到爸爸面前："爸爸，请喝茶！"谁知，爸爸却冷冰冰地说："去去去，写作业去！谁用你倒茶，多考个 100 分比什么都强！"爱是一种感受。一个人在被他人需要时，才能感受到自己的价值。一个孩子在被大人需要时，才能感受到自己幼小的生命是多么伟大。对孩子来说，给予别人爱，别人能理解、能接受、能感悟到，这就比接受成人的爱更快乐！然而，当今许多的父母，却把孩子爱的机会垄断了！

点评

在对孩子的教育过程中，家长要经常向孩子表达对他们无条件的爱。父母与孩子之间的这种爱是实施教育的基础。同时，由于孩子知道父母是爱自己的，也不必过多地考虑为了得到父母的爱要做什么，而把注意力指向自己的行为，不断地取得进步，这样就达到了教育的目的。

多鼓励孩子学习

巫小彬的爸爸平时工作繁忙，根本没时间管他。有一次，爸爸偶尔闲下来了，跟他谈话，末了说了这么一句话："我一直都没怎么管你。一来我忙，二来我看你也很努力，功课不错。不过呢，也要注意休息，别累坏了身体。"

其实巫小彬成绩也就中等偏下，平时玩得特别疯。爸爸这一句话，却让他感受到了一种绝对的信任。他在心里暗暗告诉自己：一定不能辜负爸爸的信任和关心。

有一天，巫小彬兴高采烈地回到了家，一进门就兴奋地说："爸爸，爸爸，老师表扬我了，说我作文写得好，还当着全班读了我的作文。"当天晚上，巫小彬一直很兴奋，更加认真地构思作文。爸爸意识到，这正是鼓励孩子的一个最好的时机，于是他利用这个时机，开始引导巫小彬对别的功课的兴趣。

学习的问题，一直是父母和孩子难解的心结。父母眼里只有成绩，孩子老是担心成绩差挨父母骂；父母要孩子把学习放在第一位，而孩子除了学习，还要玩乐。

孩子们最常听到的一

句话就是："赶快写作业去！"学习和作业真的就重要到那种地步，宁愿以孩子的健康和快乐去换取吗？其实每个大人都是从孩童时代过来的，都应该能够理解孩子好玩的天性。对于孩子来说，玩乐和健康跟学习是一样重要的。有健康的身体，有玩乐的轻松，才有精力把学习搞好。健康是资本，玩乐是放松。家长必须明白这一点，所以不要随便地呵斥孩子"你给我学习去"。

既然家长是要鼓励孩子学习，那么肯定是不希望孩子讨厌学习。但是想一想，孩子如果每天回家都听到父母说："好好学习去吧！"心里该是多么厌烦啊！他会觉得父母除了关心学习，根本不在乎他这个人。这个时候，他对学习哪里会有好感呢？

鼓励孩子学习的方法

1. 要给予孩子足够的信任，认为他可以做得很好。

2. 让孩子量力而行。除了学习，还要结合自己的实际情况，不要太劳累，也不要太强迫自己。孩子听了父母这么说，感受的不仅是鼓励，还有来自家人的最真诚的关怀，这会让他心里觉得温暖。同时，学习带给他的压力也因此而化解了。

3. 鼓励孩子学习，并不是光凭一个理儿就行得通，还得就具体情况而定。有的孩子特别贪玩、调皮，父母就要学会因势利导。比如看到孩子玩累了，可以对他说："歇一会儿，去做功课吧。等做完了功课，你就可以玩得更开心了。"

有的孩子性格内向，或者成绩不好，每天一回家只顾着埋头苦读，父母就必须想办法让他多跟其他的孩子一起玩，或者带他出去玩，帮他减轻学习带来的心理上的负担。孩子做完了功课，父母可以对他说："现在功课做完了，你可以出去玩会儿，让大脑休息一下。这样明天才有精神学习新的功课呀。"或者说，“学习是很重要，但是也不用这么拼命。咱们别着急，一点点来。该玩玩，该学学，应该把学习变成一件快乐的事。”

点评

孩子真的是很需要家长鼓励的。通过鼓励，可以引起孩子对学习的兴趣，把学习变为自觉的行动。通过鼓励，还可以对孩子进行正确的引导和教育，使他们的身心得到健康的发展，从而避免人格障碍的发生。

孩子不爱上学怎么办

王女士有一个六岁的儿子晶晶，就是不爱上学。新生开学的第一周，头三天还兴冲冲地到校去，可第四天就懒得背书包了，以后更是常常逃学，在家和校门之间跟家长与老师玩起了猫捉老鼠的游戏。

妈妈就问："晶晶怎么不想上学了？"晶晶说："上学真没意思。"

王女士一听，心里就着了慌：孩子才刚上学就感到没意思，这不是厌学吗？这么小就有这种情绪，往后还怎么继续上好学啊？

其实，家长不必惊慌。这只是孩子中常见的一种心理障碍——学校恐惧症。有些孩子除害怕上学外，还害怕教师、学校的环境、同学等。为了逃避这一切，孩子就会做出保护自己的行为，例如每到上学前会感到身体不舒服，编造一些不去学校的理由。

孩子厌学的主要原因

当看到比自己年龄大的小朋友上学时背着书包那神气的样子，幼儿园的孩子一般都会很羡慕他们，恨不能自己早一天背上书包上学去。等到真的上了学，刚新鲜了几天，却过不了多久又厌学了。其中的原因很多，主要有以下几点：

1. 与亲人感情有关。有些孩子往往很不情愿离开自己的亲人，奶奶、妈妈或其他亲人也会因孩子离家后产生一种依恋不舍之情。从孩子的心理发展看，低年级的孩子在这段时期对亲人有较强的依赖性，尤其是当前我国的“四二一”型家庭的增加，独生子女会受到超乎寻常的关怀。

2. 有些父母联合起来共同对付孩子，使孩子受到不良刺激影响。孩子有点儿小错或考试出现些问题，父母就劈头盖脸地、不分青红皂白地指责和骂孩子，经常用“你不听话，就告诉你们学校”或“你不好好学习就让老师批评你”等威胁语言刺激孩子，给孩子心理造成很大压力，使孩子感到对上学有一种恐惧感。一些性格孤僻、任性的孩子更害怕自己因一时学习不好或违反纪律，会遭到老师批评或同学的奚落，因而不愿上学。

3. 不完整的家庭结构也会使孩子不愿上学。一些破碎家庭，由于失去了原有家庭结构的平衡与和谐的家庭气氛，使孩子的身心发展受到创伤。根据一所学校调查表明，品行不良、学习不好的学生中，很大部分是来自破碎家庭的子女，父母离异或正在闹离婚的子女占多数。由于父母感情破裂，给孩子心理造成创伤，产生了逆反心理，逐渐产生了厌学情绪。这些孩子道德观念模糊，辨别是非能力差，性格孤僻，抱有破罐子破摔的消极人生态度。

帮助孩子克服厌学的方法 ?

1. 让孩子喜欢自己的老师。孩子的学习动力和对自己不良习惯的约束力，是紧紧和情感连在一起的，特别是对老师的情感。喜欢某位老师，孩子就会认真完成这位老师布置的作业，会在这位老师的课堂上认真听讲、踊跃发言。

所以，作为家长，要成为孩子和老师之间情感的桥梁，告诉孩子“你们老师真好”“老师唱歌真好听”“你们老师做操时，动作特别美”“老师一笑真好看”“看得出，老师很喜欢你”“老师提醒你，是关心你”等，引导孩子发现老师的优点，体察老师的关爱，让孩子喜欢自己的老师。

2. 鼓励孩子多为集体做事情。家长可以利用休息日和孩子一起缝制几个沙包，让他拿到班上，课间时和同学一起玩；可以和孩子一起捆上两个小墩布，放在教室里用以搞卫生；如果需要，还可以把家里的花草搬到教室里一两盆，给教室增添色彩。通过这些做法，来增强孩子主动参与集体活动的意识，以便尽快融入集体。

3. 帮助孩子实现“我要当个好孩子”的愿望。每一个孩子在上学的第一天都有一个美好的愿望——要当个好孩子！怎样才能帮助他实现这个愿望呢？建议家长经常和老师联系，问一问最近老师对学生有什么具体要求。比如，入学后，老师要求学生在家要爱劳动。那么，家长发现孩子吃完饭主动收拾碗筷，就要及时表扬：“你真是个好孩子，刚上几天学，就会主动做这么多事情了！”让孩子有种自豪感。

4. 当老师频繁告状时，家长要格外理智。孩子因为上课不专心、作业完成得不好、不遵守课堂纪律等受到老师的批评，家长就不要没完没了地数落孩子，这样会加剧孩子对学校生活的厌烦甚至恐惧。在这个时候，家长一定要冷静。老师越是告状，家长越要看到孩子身上的优点和闪光的东西。比如，孩子今天的作业虽然没得小红旗，可家长发现“这个字写得不错，你看这一笔写得多有劲”，转移关注点，保护孩子的自信，呵护孩子的自尊，这是十分关键的。千万别把孩子的自尊和自信给批评没了。

点评

孩子厌学是很正常的现象，尤其是刚上一年级的孩子。当孩子出现这种厌学情况时，家长首先要克服焦虑心理，如过分溺爱、缺乏主见、屈从孩子的无理要求等。此外，父母应该注重在平时培养孩子的独立性、与同龄伙伴相处的社交能力，鼓励他走出家门与伙伴一起玩耍，对来到家里做客的孩子的伙伴也应表示热情欢迎。

端正孩子的学习态度

田小祥拿到书就会跳过拼音那一部分，把书从头到尾看一遍。在上学前，爸爸就教他认识了很多字，所以他现在对一年级的语文学习肯定是不会有问题的。开始学拼音时，田小祥的兴趣很高。一次和爸爸经过新华书店，他说要个拼音表，爸爸就给他买了一张挂在墙上。他把那张表记得特别熟，经常自己就坐那里把它默诵一遍。而且在当时，可能是老师要求他们把要说的话都用拼音拼出来，所以经常听到他们相互叫同学的名字时也都先读一遍拼音。每天的课后作业都是老师把题目用拼音拼出来，写在黑板上，大家抄在作业本上。一开始爸爸担心孩子会累坏了，每天抄题大概需要半个小时。老师就和家长进行沟通，说明了她的用意，而且认为孩子能做到。爸爸也就没说什么，只要孩子能接受就行。老师布置的作业都按三个步骤进行：复习、写字、预习。每次老师安排听写，田小祥都能顺利完成，而且只要学过的字他肯定不会忘记。可是到了第一学期期末的时候，老师要求每天强化写字词，田小祥却写得不耐烦了。有一次他干脆不写，交练习时把卷子往抽屉里一扔，跟老师说交过了。老师于是找了他爸爸，爸爸就问小祥。小祥却无所谓地说："写来写去就那几个破字，太没意思了。"爸爸感觉小祥现在的学习态度不端正，有点儿浮躁。

孩子的学习态度是否端正，直接影响他的学习效果。如果孩子的学习态度端正就能表现出高度的学习积极性，对待学习活动就会认真、主动、顽强。学习态度不端正则相反，具体表现为，上课注意力不集中，不认真听讲，不愿意认真阅读课本，对老师所讲的问题不能进行积极思考；对学习活动没有热情，不愿意或根本不做作业，学习上没有克服困难的决心和信心；盼望过周末和放假，不想上学，贪玩，迷恋电子游戏等娱乐活动；对家长、老师提出的学习要求置之不理，等等。

要想有针对性地纠正孩子的不良学习态度，首先必须了解和分析孩子形成不良学习态度的原因。有的孩子是因为经不起学习的压力而产生了不良的学习态度，他们的身心常常超负荷运转。有的孩子或由于基础差，或由于学习上没有及时辅导，或由于有心理障碍，便逐渐落伍了，成了班上的差生，进而自信心严重受损，产生不良的学习态度。还有的孩子，刚进学校时成绩较好，老师、家长对他寄予厚望，但是只注重向他的大脑里硬灌知识，不注意培养他的基本能力，而且很少让孩子接触大自然、接触社会，听任作业、考试把孩子的时间几乎全部占据，令他几乎没有自由的时间支配，结果使得孩子把学习视为苦差事，从而在一定程度上也产生了不良的学习态度。

有的家长强制孩子学习，不准孩子参加文化学习以外的活动，严重忽视了孩子的个性特点。孩子感到活得很累，他们需要一个宣泄不满、体验成功的渠道。而电子游戏等就为他们提供了这样的渠道。那些认为读书枯燥无味的孩子，就在所谓的娱乐活动中找到了乐趣和刺激。这种乐趣与刺激更使他们如醉如痴，不能自拔，无心学习。

学习要想获得成功，要自始至终保持一种积极的态度。态度决定一切。这种积极的学习态度，要靠老师、家长以及孩子周围的人来共同营造。

端正孩子学习态度的做法

1. 引导孩子对所学内容感兴趣时，他的学习热情自然高涨。孩子如果喜欢自然科学、百科知识一类的学习，不用家长强迫，他就会主动寻找这方面的相关书籍资料，百看不厌，有时甚至为此占用一些休息时间。能够对所学的内容感兴趣，对每个孩子来说，都是一件值得庆贺的事。这样，孩子就会积极主动、心情愉快地去学习，而不会觉得学习是一种沉重的负担。通过兴趣所引起的学习积极性要比依靠意志调动起来的学习积极性强得多。因此，作为家长，应该想方设法培养孩子对课堂学科的学习兴趣。

2. 受到父母的鼓励后孩子的学习劲头明显提高。一般来说，孩子踏进校门以后，每次得到父母的表扬和肯定时，哪怕只是一点儿言语上的小鼓励，他都会显得很兴奋、重视，并以此要求自己要保持成绩。但如果较长一段时间没有得到表扬和鼓励，他的学习兴趣和劲头就会下降。适时的表扬有利于调动孩子的积极性和自信心培养，是激发孩子向前奋进的一个有效方法。但也应认识到，这毕竟是一种来自外部的动力，假如过分依赖这种动力，那么很明显，学习动机是建立在别人对自己的期望上面的：当别人给予鼓励时就干劲十足；当得不到这种鼓励时就可能会提不起精神来。因此应该逐步引导孩子正确认识表扬和鼓励，只有这样，才能在任何环境下都能保持旺盛的学习兴趣，而不轻易为环境所左右。家长应该主动承担起让孩子正确对待鼓励的引导转化工作，因为家长与孩子有更多亲密接触的时间和机会，应该多与孩子沟通，晓之以理，动之以情，通过日常生活的点滴让孩子明白，鼓励与批评都是为了促使他进步和成长。

3. 正确对待成绩。孩子取得好的成绩，学习劲头高，容易产生自信心；相反，成绩不理想时，则容易失去信心。这种情况是小学阶段孩子的共同特点。特别是现在的独生子女，生活条件相对优越，很少遇到挫折和不顺心的事，受挫折教育的机会不多。所以在学习上，他们只能接受成功，成绩好时踌躇满志，容易受到鼓舞；但是，一旦某次成绩不好，情绪就会直线下降，信心大失，甚至可能会自暴自弃。因此，家长应该重视对孩子的挫折教育，培养他们自我调节的能力，多让他们接触和了解一些逆境中成长的真实典型榜样，学习那种顽强精神，培养孩子性格中的韧劲，争做一个不轻易言输的孩子。做到

面对挫折，不自甘消沉，而是愈挫愈勇。同时，在具体学习上，应注意辅导孩子打好基础，不要看重一时的成败，要相信实力，只要基础扎实，勤奋努力，最终一定能取得好成绩。

4. 多和老师取得联系，充分了解孩子，提高孩子的学习兴趣，调动他们的学习积极性。家长应针对孩子的学习困难，帮助他们找出困难的症结，加强学习方法的指导，制订“补差”的计划，鼓励孩子战胜困难，变被动为主动。

点评

态度的定位也是门科学。家长要学会引导孩子保持一种既积极又能够让他接受的态度来学习。学习态度端正了，才会激发出孩子最大的学习动力。每一个人都有获得巨大成功的资本！

多陪陪孩子

齐先生的女儿今年刚上小学一年级，从星期一到星期四的晚上，只要齐先生不加班，都会陪在她身边，等她做完老师布置的作业（齐先生一般不检查老师布置的作业），再问问她今天分别上了哪些课，比如语文课上又学了什么新的汉字，数学上到哪儿了，等等。这样，遇到女儿有兴趣的时候，她会将汉字读给爸爸听，或者是用讲故事的形式把课堂上所学的讲给爸爸听，有时也会将语文书拿出来读。可她就是不太爱讲数学，因为数学总是考80几分。因此，平时齐先生会多关注一下她的数学方面，比如会问女儿课堂上数学老师讲的内容是不是都听懂了。女儿一般会说听懂了。齐先生就会选择性地将数学课本上的题目挑一些问她，看她是否真的懂了。如果女儿讲不清楚，齐先生会带她再学习一遍。然后，齐先生会检查她预习时做的题目。由于老师还没讲到，所以有时会有些小错误。但齐先生一般不直接指出，而是等到第二天老师上过课后再看。如果女儿改正了，说明她上课认真听讲了，也弄懂了；如果没改过来，齐先生就会问她为什么，这时就能知道女儿到底上课是不是认真听，或者听了但跟不上老师的进度，进而好有针对性地帮她改正。

齐先生以前总认为，学习是孩子自己的事，要培养她的独立能力，让她养成自觉学习的好习惯。殊不知，这种自觉学习的良好习惯正是在家长引导下一点一点养成的。

为什么家长陪伴一年级孩子学习非常有必要呢？一年级孩子刚刚开始正式学习，这是培养他形成良好学习习惯、思维习惯的最佳时期，因此家长陪伴他的主要目的，就是督促帮助他养成良好的学习、思维习惯，再在这个基础上检查孩子做题是对是错。

家长陪伴孩子做作业，首先应特别提醒孩子不要分心。尤其针对学习习惯还没养成的一年级孩子，做几分钟作业就停下来，弄弄这儿，鼓捣鼓捣那儿，这时家长就要提醒他，“不要边做边玩，要专心往下做”。这样，陪伴孩子学习一段时间，孩子在学习、做作业时就会专注起来。

家长特别要注意的一个问题是：陪伴学习时不能靠孩子身边太近，以免人为造成孩子分心的原因。要安静地让孩子自己做作业，力求保证孩子思路不受干扰。所以，当孩子做作业时，家长不要一会儿递水，一会儿削个水果，不停地打断孩子思路。也不要眼睛紧盯着孩子写的每一个字，稍稍出错就马上纠正，或大声训斥孩子。这些做法都会使孩子分心，很难形成注意力集中的好习惯。

在整个一年级阶段，家长陪伴孩子学习，要使孩子达到一个什么标准呢？一是学习时不分心；二是孩子有兴趣自己独立完成作业（尽管作业会有错误）。能做到这两点，就为孩子二年级以后的学习打下了非常重要的基础。在这个基础上，才能逐渐发展孩子的学习能力，如计算正确率、计算速度、语言理解、语言表达等。

多陪陪孩子的做法

1. 尽量多抽点儿时间和孩子在一起。现在，做家长的都很忙，这是为了适应社会竞争的需要而忙着工作和赚钱。但是，再忙也不要忘记孩子。其实，千忙万忙，培养教育和关爱子女才是每个家庭的第一要务。所以，忙碌中的父母，应该把多陪陪孩子（尤其是刚刚上一年级的孩子）作为每天的必做事务。

2. 督促而非管制。有些家长在陪读过程中实际上充当了监工的角色。当孩子学习时，这类家长就端坐旁边，不时出声监管："你又想玩了？""你的心跑哪儿去了？"有时还会干脆来点儿武力征服。孩子处在这种环境下，思路游离不定，既要思考问题，又要顾及家长反应，其效果可想而知。孩子越小，自制力越差，家长对他进行督促是很有必要的，但一定要适度，切忌变督促为管制。孩子做作业前，家长可以提出一些适当的质量、时间方面的要求以及注意事项；孩子做作业过程中，可以给予适当提醒；完成作业后，帮助进行检查。但孩子在学习或做作业的过程中，需要相对独立、安静，家长不能用种种理由频频打扰。

3. 指点而非包办。有些家长陪孩子读书，往往越俎代庖，将指点变成了包办。孩子在做作业前，这类家长先要唠唠叨叨说上好一会儿；做作业过程中，又在一旁动口又动脑，甚至亲自上手代劳；检查作业时，发现错误马上提笔改正，或直接告诉孩子错误之处。其实这样做很容易养成孩子在学习上的依赖性和惰性。家庭辅导应该只是必要的点拨，孩子遇到不认识的字、词，家长可以与他一起查字典；应用题不会做，一起分析课本例题；日记写得不具体、不生动，不妨带孩子再观察、再讨论。功夫应下在题外，教会孩子学习与思考的方法，才是一本万利的做法。

4. 陪读而非言教。家长的陪读行动不能热衷于指手画脚，或手把手地教孩子该怎样做，而应重视家庭智力环境对孩子的影响，并非只是言教。

点评

多陪伴孩子可以更好地增进亲情感。当然，陪伴孩子学习则要注意培养孩子的独立性和主动性，不要孩子稍有一点儿不懂就赶快详尽地解答。家长要有意识地鼓励孩子，逐渐养成独立思考、主动钻研的好习惯。孩子独立完成了作业，就应及时表扬和鼓励，增强他独立完成学习任务的信心，这样做才能达到“陪伴是为了孩子独立、主动地学习”的目的。

向孩子“请教”

有一位郭先生去朋友家玩，正巧碰见朋友用“请教”的方式教自己刚上小学的孩子背诵古诗。朋友介绍说，他先抄一首古诗，贴到墙上，然后向孩子请教，请孩子教他识字和背诵；孩子总是认真对待，郑重其事地查字典、找资料，然后兴致勃勃地教他，他也非常“谦虚”地学习。就这样，朋友用这种“请教”的方式，教自己的孩子背了一首又一首古诗。朋友进一步解释说：“如果我硬叫他背，他肯定不乐意。现在请他教我，他就特来劲儿，学习效率也高。”这真是一种极高明的教育方法。

有位作家在回忆自己小时候上学时，曾一时失去学习的信心，很自卑。放学回到家里，他的父亲就很慈祥地不断向他请教学习上的问题。他于是因此很快忘了自卑，满怀热情地教他父亲。如果遇到不懂的问题，他就去问老师，弄明白后，再回家教父亲。就在这种做小老师的过程中，他逐渐恢复并增强了学习的信心。直到长大后，他终于知道了，那是父亲用这种“请教”的方式在引导他、鼓励他。

向孩子“请教”的方法

1. 家长要做的第一件事是给孩子的老师打电话，问清孩子在学校近来的表现如何。及时和老师沟通，对孩子的成长非常必要。

2. 找一个适当的时间和孩子坐下来一起讨论学习问题。家长此时的态度要和蔼，要告诉孩子你很想和他一起解决问题，更相信他一定能做到。

3. 和孩子共同确定一个比较固定的学习时间。在这个时间段，家长尽量不要打扰孩子。

4. 告诉孩子他自己有能力处理学习中的问题。即便不能处理，在学校可以询问老师，老师会给他帮助；在家里除了问家长，也可以向别的同学虚心求教。

5. 要给孩子树立一个成功的形象。可以告诉孩子父母的工作是什么，然后指出大人的主要任务是工作，小孩子的主要任务是学习，大家都要努力完成任务。如果父母自己工作不负责任，那要求孩子认真学习的说教也是苍白的。

6. 至少和孩子一起做一件共同喜欢的事情。刚入学的孩子总是不愿闲着，所以他们会被很多事物吸引——好的和坏的。家长应和蔼地告诉他，如果他比爸爸妈妈知道得更多，爸爸妈妈会很开心的。

点评

当父母把孩子作为老师“请教”的时候，孩子会在心中陡然升起一种自豪感，从而产生责任感和自信心。被成年人看重，对一个渴求发展的孩子来说是弥足珍贵的。古往今来，有多少成功者就是因为小时候师长的一句激励、赞美的话，从而创造了自己生命的辉煌。家长需要尊重，孩子更需要尊重。尊重是一种最好的教育，也是一种最好的学习方法。

激发孩子对科学的兴趣

著名的法国昆虫学家法布尔，从小就喜欢观察动物。在他五岁的时候，有一天晚上，他忽然听到附近的丛林里传来一阵阵美妙的鸣叫声。他想，是小鸟在鸣叫吧？我该去看看。大人们吓唬他说，森林里有狼，专门吃小孩儿。小法布尔却毫不胆怯，勇敢地钻进森林里去观察、探索，结果他发现：发出鸣叫的不是小鸟，而是一种蚂蚱。从此，他对昆虫发生了浓厚的兴趣，后来终于成为颇有成就的昆虫学家。

我们有的父母，宁肯花钱请人为孩子算命，或者去庙里烧香许愿，期盼孩子学习好，将来考上大学，却不肯去支持孩子热爱科学的精神，这样做是很不明智的。科学和艺术，本是人类文明孕育的一对孪生子。然而令人费解的是，在东方国家，望子成龙、望女成凤的家长们似乎仍然一如既往地偏爱后者冷落前者。送儿送女学钢琴、练舞蹈的大有人在，却往往难以寻觅专为少年儿童开设的科学启蒙班。

大多数家长都对科学敬而远之，并错误地认为科学只是像爱因斯坦那样拥有“科学头脑”的人才能触碰的学问。

激发孩子科学兴趣的方法

1. 学会倾听。当孩子问到诸如“为什么我不能像蝗虫那样把草当作食粮”“眼泪是从哪儿来的”“蜘蛛怎么会吐出这么多丝”等问题时，要是家长能够作答，那当然好。可要是缺乏这方面的知识，那么最好直率地承认爸爸也不知道，然后告诉孩子可以通过请教专家、查阅图书得到解答。不少孩子还会以自己独有的方式，寻找问题的答案。

2. 故事激发。讲故事是培养孩子兴趣的另一种有效的方法。故事是文学艺术的一种形式，它通过典型的人物、曲折的情节、生动的语言吸引和感染孩子，向孩子进行思想品德教育，丰富孩子的词汇和知识，加强记忆能力，丰富想象力。父母可以把历史和天文、地理、数学等自然知识融于故事之中，在谈古论今、畅聊天南海北的过程中激发孩子对天上、地下、植物、动物、科学、艺术等多方面的兴趣。父母给孩子讲故事时，首先要注意故事的主题要突出，情节要简单，人物不可太多；其次是故事的内容一定要合乎科学，运用的拟人化手法要合理；另外，故事应力争讲得富于感情和传神。这样方可吸引孩子的注意力，使孩子觉得科学世界趣味无穷。

3. 不要随问随答。过去 30 年的一项专题研究证实，在孩子问完问题后，家长通常只等待一分钟就急于作答。其实正确的做法是，不妨等待三分钟以上，这样，孩子才有可能较完整、较有逻辑、较有创造力地做出反应。对一些难度较大的问题，家长还可以给孩子更多时间思考，并提出几个问题做启发。即使孩子答错了，也要多做鼓励，并指明错处。

4. 评语不要绝对化。不少家长喜欢动辄对孩子做出“很好”或“完全错了”等绝对化的评语。尽管对孩子做出完全肯定的褒奖无异于鼓励，对孩子做出完全否定的批评也显示了科学态度之严谨，但绝对化的评语也意味着关闭了讨论的大门。家长其实不妨向孩子多做一些“这样的回答很有意思”“以前我也没有这么思考过”等建议，使得讨论继续下去，或在孩子错误的回答中发现某些合理的成分，鼓励他做不同角度的探索。要让孩子明白：科学的探索是无止境的；绝对完美、绝对准确的答案实际上并不存在。

5. 经常去博物馆。博物馆是引导孩子走进科学世界的最好课堂。在参观过程中不妨启发孩子多问几个“为什么”“怎么”之类的问题。

6. 抓住生活中的科学现象，促进孩子的科学探索欲望。可能许多父母认为科学知识是很深奥的，并不适合小孩子。其实聪明的孩子早就对存在于生活中的科学现象感兴趣了，那么为什么不引导孩子认识这些现象呢？如在孩子洗澡的浴盆里放入不同质地的物体，帮助孩子探究材料性质的不同，理解沉浮现象；在洗衣时让孩子观察美丽的泡泡，欣赏七色光，引导孩子探索物质的化学性质、光的奇妙；在为孩子冲牛奶、麦片时，引导孩子探索不同物质的溶解速度等。家长可能还没有意识到存在于普通生活中的很多科学现象，但对于孩子来说，有很多在成人看来非常普通的现象，对他们而言都显得特别神奇。而正是在这些现象里，就蕴藏了很多的科学道理。父母在引导孩子进行科学现象探索时，并不需要一定要给孩子讲清楚所以然，此时所需要的只是帮助孩子对生活中的科学现象进行关注，进而在此基础上给予孩子合理的、符合孩子认知水平的讲解就足够了。

7. 带孩子散步。不要急于往前走，要给孩子充裕的时间去观察，如花草、小动物和昆虫。要和孩子讨论所看见的东西，对他的发现提一些简单的问题。

8. 和孩子一起种植。测量可用的空间（或花盆）的大小；判定植物在什么地方才能获得充足的阳光；分析需要多少种子，数清种子的数量；测量每行（株）植物的距离；观察植物的生长并画成图表；松土、修枝、除虫，了解植物健康生长所需要的条件。要知道，种植的过程中包含了许多数学和科学内容。

点评

如果家长总是告诉孩子各种各样的结论，孩子是可以获得很多知识的，但是他的智慧并不一定可以同步地成长。因为人的智慧与人的认知技能有很大的关系，也就是依赖于认知的方法。知道并不是理解，照本解释也不是理解，照本运用更不是理解。这有一套完整的关于理解的标准，就是从知识、方法、目的、形式这四个维度来界定孩子是否对知识真正理解了。科学教育不仅仅是教授知识，而且是通过知识的教育来培养孩子的高级认知能力。

给孩子搭建表演的舞台

倪柳因爸爸调动工作的关系，在一年级的下学期转到了一所新的小学。她文静秀气，容易给人留下良好的印象。刚开始也许对于新的环境不太熟悉，所以倪柳的情绪一直很低落，成绩也一落千丈。但细心的爸爸还是能从她日常生活的表现中，感受到她是一个学习非常刻苦认真的孩子。因为她每次作业都能按时完成，书写也很工整。可就是在课堂上相对比较胆小，一般不会主动举手发言。

慢慢地随着对环境的熟悉，倪柳与同学相处得比较融洽了，课堂上也偶尔会举手了。对于她能主动举手发言，爸爸知道后非常开心。也许是爸爸给了她勇气，渐渐地倪柳在课堂上回答问题越来越积极了。爸爸觉得，其实这孩子还是挺外向的。从她对待作业那认真的态度上，爸爸认为她可以当好班干部。在爸爸的鼓励下，倪柳果真当上了数学课代表，而且在自己的岗位上很用心，期末还被评为优秀班干部。

在课外技能方面，爸爸觉得倪柳的绘画水平还是较为出色的，又因为与班里的熊平平是好朋友，平平的字写得端正，于是爸爸就建议倪柳和她合作。几次在制作手抄报时，她俩都配合得很好，收获

了成功。于是倪柳在学习上更努力了。平时上课朗读课文她也特别用心，在几次上台朗读时，老师都认为她的音准较好，胆量也大了许多。于是当学校选拔广播员时，老师鼓励她去报名。最后倪柳真的被选中了，成了学校的一名小广播员。

随着锻炼次数的增多，她做起事来更让人刮目相看了。在一次 “班级和谐我支招儿”的主题队课上，她那字正腔圆的朗诵，落落大方的表现真的让所有同学和老师折服。爸爸真是太开心了，半年前那个腼腆的小姑娘，如今变得这么成熟。

每个孩子都应该有展示自己的舞台。如果家长能帮助孩子搭建好这个舞台，那么就能收获教育的成功与喜悦！

每个孩子都有特有的天赋，何不给他们机会表现一下？如果他们喜欢说故事，那就鼓励他多说故事给大家听；如果他对数字很敏感，带着他去逛街，让他帮父母挑选价格便宜的东西。只有家长能够欣赏孩子的才能，并表现出足够的热情时，孩子才会更有自信心。

帮助孩子展示自己聪明才智的方法

为了让孩子拥有表现自己的舞台，家长可以从以下三个方面入手：

1. 仔细观察。在日常生活中，务必注意孩子的行为举止、喜好恨恶。在他与别人玩耍、交谈或独自阅读时，父母可以观察到孩子的许多特点。比如，他虽不爱弹琴却喜欢绘画，虽没有耐性却很有创意，虽不善言辞却很热心……把这些细节特点都记录下来，就能归纳出孩子的性格取向，从而有目的地诱导激发他。

2. 制造机会。了解孩子的性格取向和喜好之后，别忘了给他机会多加练习。例如在家人生日时，鼓励每个人表演一个节目；每周一个晚上轮流朗读短文并发表心得；每月办一次小小聚会，邀请孩子的朋友参加，每个人献出一项绝活儿……更为重要的是，随时找机会让孩子完成些力所能及的任务，孩子做得越熟练也就越有信心。

3. 给予鼓励。当孩子尝试自己动手做、开口说时，为了不扼杀他的才华，应该给他肯定的赞美、鼓励的掌声。因为，即使孩子是个天才，也需要练习的机会，伴随信心的培养，路才越走越顺。如果父母只是一味地打压、批评，孩子就会羞窘得抬不起头，再也不愿进行尝试。

点评

目前社会上单一的成功评价体系，往往给家长们一种误解：只有学习成绩好的孩子才是好孩子。这就使得很多学习成绩不怎么优秀的孩子常常得不到老师、家长的认可，从而引发诸多心理问题。家长、学校、社会首先要认识到孩子消极情绪的存在，还要从根本上改变这种单一的成功评价体系，应该建立形式多样的各种文艺、体育活动，提供给孩子更多展示自己才能、实现自身价值的机会，并通过这些健康有效的活动方式使孩子的消极情绪得到转移。

孩子是独立意义的人，是发展的个体，而且每个孩子都是不一样的。作为家长，应该树立正确的人生观，用发展的眼光去看待孩子、关心孩子。尤其是那些淘气的孩子，他们更需要爱护。要给孩子信任和尊重，更要给他们搭建一个展示自己的舞台。

到社会情景中学习

走在清香、幽静的小路上，小鑫被路两旁的各种树木深深吸引了。小鑫吃惊地说："这棵树这么大呀。"

爸爸于是说："这棵是广玉兰，它的枝叶很茂盛。广玉兰一年四季树叶都是绿的，它是常绿树。"

小鑫又指着另一棵说："爸爸，这棵树这么高，也很粗的。这也是常绿树吧？您看，它的叶子都是绿色的。"

"对呀，这是香樟树，也是常绿树。"

小鑫走过去抱了一下树干，又叫了起来："这么粗呀，一个人都抱不住。"

不久，小鑫又被另一棵树吸引了，说："看，那棵树的叶子怎么都变红了。"

爸爸说："这是枫树。到了秋天它的叶子就要变成红色的。"

"那它也是常绿树吗？"

"不是的，它的叶子又不是绿色的。"

"那它是什么？"

"枫树是落叶树，就像梧桐树一样，深秋叶子会随风慢慢飘落下来的。"

在"噢——"的一声中，小鑫似乎明白了许多。坐在大树下，小鑫又听起了关于常绿树和落叶树的故事：常绿树的叶子是厚厚的，摸上去是光滑的；落叶树的叶子是毛糙的，树叶上有许多的小气孔，容易散发水分……

社区的自然和人文环境中蕴涵着丰富的学习资源，作为家长应充分利用这些有利条件。在自然的情景中，孩子的学习变得更愉悦；在自然的情景中，孩子的学习变得更精彩；在自然的情景中，孩子的学习变得更自主。

所谓到社会情景中学习，是强调在儿童社会交往的背景中，为孩子提供丰富而有意义的问题，使他们通过合作、交流、分享、共建等重新建构或修正概念的活动形式。所有的问题都来源于他们有意义的经验和社会生活情景，社会生活情景正是孩子学习的丰富源泉。因为在日常生活情景中，孩子有很多机会去做决定，去发现问题，去进行比较、判断和探索。

让孩子在社会情景中学习的方法

1. 故事导游，诱发兴趣。由于一年级的孩子具有对新奇事物感到好奇，学习目的性、自觉性和注意力稳定性差，具体形象思维占优势等特点，因此为了吸引他们的注意力，需要结合课题引入一定的故事情节，诱发他们的学习兴趣。

2. 联系生活，增添兴趣。家长要充分考虑孩子的身心发展特点，结合他们的生活经验和已有知识，设计富有情趣和意义的活动，使他们有更多的机会从周围熟悉的事物中学习和理解。因此，必须把课本知识和孩子的生活实际联系起来，让知识贴近生活，使他们体会到知识就在身边，感受到知识的趣味和作用，对知识产生亲切感。例如：家长在教孩子学“100 以内数的认识”时，不妨出示火车票、门牌号码、站牌、车牌、篮球比赛的比分……孩子从这么多熟悉的生活道具中，感受到自己学过的 20 以内的数已经不能完全涵盖生活中的数字，进而产生继续学习的欲望。这样，既让孩子体会到数学的应用价值和数学的力量，培养孩子运用数学知识解决实际问题的能力，又培养了孩子的创新意识，令他们学习兴趣盎然，效果非常好。

3. 加强操作，提高兴趣。动手操作既是孩子认识数的概念的一种重要途径，又是促进他积极参与、提高兴趣的重要方法和手段。低年级孩子主要通过对实物和具体模型的感知和操作，获得基本的数学知识和能力。家长要遵循孩子认知规律和爱玩、好动等思维特点，注意从孩子熟悉的生活情境和感兴趣的事物出发，为他们提供观察和操作的机会。通过数一数、摆一摆、画一画、量一量、拆一拆、拼一拼等实践活动，变抽象为直观，丰富孩子的感性认识，让孩子经历从形象到表象，再由表象到认识，逐步由感性认识上升到理性认识的过程，促使知识内化。

4. 图画再现情景。例如，“溪”字因为笔画繁多，再加上孩子分辨字形的能力不强，经常被孩子写得丢笔少画，把字写错。因此，家长可利用图画再现法，引导孩子图文对照，把字幻化为图画进行识记。“溪”水，顾名思义，一定是用三点水作部首。关键是字的右半部：利用简笔画把右边的“爫”字头化为图中的群山，“幺”字化为弯弯曲曲的小溪，“幺”字中的那一点，就好像溪边的一块石头，溪水向前流淌，越流越“大”。这样，“溪”字便在孩子头脑中幻化成一幅直观形象的优美图画。

5. 音乐渲染情境。

作文是由多种因素构成的综合性表达方式，想熟练掌握也不是轻而易举的事。所以孩子大多怕作文，这种畏难情绪的产生，会使孩子在心理上设置一道障碍。家长可采用音乐调整的方法，借用音乐渲染气氛，使孩子耳悦、心悦。根据写作题材的需要，选择相应的音乐烘托气氛，把孩子带进写作的美妙想象之中。如：家长在指导孩子写《我的妈妈》时，可让孩子饱含深情演唱《世上只有妈妈好》《烛光里的妈妈》等歌曲，在他们心头回现妈妈对自己的关爱画面，进而涌起对妈妈的感激之情。增强了理解，寄托了情感，笔下妈妈的形象就会变得丰满、感人。

点评

社会情景中的教学活动能极大调动孩子自主学习的情绪，关键是看老师和家长能不能抓住契机。操作过程中，最好可以从重知识技能转向重视孩子的理解和感受。社会情景中的学习应该落在探究问题，使学习过程变成探究、发现、加深个人体验的过程。作为家长如何及时发现问题，使孩子的学习更主动、轻松，更不露痕迹，这是一个值得继续探讨的话题。而学习的过程是漫长的，变化也是逐渐的，和孩子们一样，家长也需要小步递进。

让孩子喜欢他的老师

许微刚从幼儿园跨入小学，爸爸最注重的是孩子的情感体验，所以经常问他：“老师喜欢谁？”刚开始时，他会仰起小脑袋不假思索地说：“我！”但时间长了，情况就有了一些变化。有一次放学后，爸爸从学校接出许微，一路上他们边走边谈。

爸爸问：“今天班里发生了有趣的事吗？”

许微嘟囔着：“没什么有趣的事，今天老师批评我们了！”

“为什么呀？”

“忘了。老师叽里呱啦说了那么长时间，我一句也没记住。真烦人！”

“你喜欢老师吗？”

“不喜欢！”

看来，许微和老师闹别扭了！爸爸没有急着和孩子争辩，而是说：“小微，老师每天早晨很早就到学校，带领你们活动，教给你们知识。老师做这一切很辛苦。所以有时候你们做错了，老师脾气急起来，就会忍不住要说你们。你们呀，就像正在成长的小树，小树有时会长歪，需要有人扶一扶；小树长虫子了，也需要有人帮忙捉虫子。老师的批评就像是帮你这棵小树扶扶正、捉捉虫，让你别长歪了！”

从那以后，爸爸不再重复那个简单的问题：“老师喜欢谁？”取而代之的是：“你喜欢老师吗？”

教师节的前一天，放学回家的路上，许微东跑跑、西跳跳，还不时弯腰挑选几片落叶，采集几朵野花。一回到家里，他就躲进了自己的房间。过了许久，他跑出来，高兴地喊着：“爸爸你看！”哇！那真是一张精美的贺卡，有花，有草，还有小诗。“谢谢你了，儿子！”“对不起，老爸，你不用谢！这不是送给你的礼物。我明天要把它送给王老师！”真没想到，一向大大咧咧、不善言辞的儿子竟会用自己的方式表达对老师的爱了！

老师在对待学生的问题时，无论宽、严，都是为了孩子能更好地成长和进步。但同一种方法，有的孩子能接受，有的孩子就会在心里产生对立情绪。

让孩子喜欢他的老师的做法

1. 晓之以理，动之以情。小杰有一次对爸爸说，他不喜欢班主任老师，因为老师对他们的要求太严格了。乍听孩子说这话，爸爸心里一惊。因为他知道，孩子的班主任老师是位很优秀的教师，要求严格未必就不是好事。于是爸爸严肃地告诉小杰，这样说老师，老师听到会很伤心的，父母也是不能接受的。为了缓和严肃的气氛，爸爸又给小杰讲了严师出高徒的道理，同时告诉儿子，孩子在家中和在学校受到的教育是不同的；老师在教育学生时，面对全班几十个孩子，为确保大家都能养成各种良好的习惯，必须从每一件小事抓起，自始至终从严要求，严爱结合。最后爸爸又问：“那次你生病落下功课，老师不是也牺牲休息时间来咱家给你补课了吗？你看老师对你多好！”小杰想起了老师补课的情景，慢慢低下了头。

2. 抓住闪光点，以共同话题感染孩子。悦悦心灵手巧，尊敬长辈，但就是不太喜欢数学老师，因此数学成绩平平，爸爸为这十分着急。一天，数学老师到悦悦家家访。在客厅，老师对茶几上那几个别致又显粗糙的手工制品赞不绝口，还特意询问爸爸是从什么地方买来的。待知道是悦悦亲手制作的，老师很惊讶，连忙笑呵呵地把悦悦拉到自己身边，与她兴致勃勃地谈论起手工制作。很快，悦悦的脸上露出了甜甜的笑容……时间晚了，爸爸邀数学老师一起吃饭。吃饭时，悦悦习惯地为爷爷奶奶夹菜，饭后一如既往地扶他们到沙发上休息。待她做完这一切，发现数学老师正含笑望着自己：“你真懂事！我作为你的老师，感到真高兴！”悦悦见老师如此表扬自己，舒心地笑了。饭后，悦悦依依不舍地送走数学老师。望着悦悦真诚的目光，爸爸和老师愉快地笑了。不久，悦悦数学测试便得了 90 多分的好成绩。到现在，悦悦谈得最多的就是数学老师了。

3. 正确引导，帮老师树立威信。俗话说：“亲其师，信其道。”就是说，如果孩子不喜欢他的老师，那么他也很难喜欢这个老师讲的课。黄雷就是这样。他今年上小学一年级下学期，对新来的班主任似乎不太喜欢。爸爸想：儿子天生好问，如果设法让孩子了解到新老师知识渊博，知道世界上许许多多的事情，那么也许就能像磁铁一样吸引住儿子了。一天，黄雷问了爸爸一个古怪的问题，爸爸借机鼓励他说：“去问问你的班主任老师吧，看能不能考住她！”黄雷高兴地说：“好，我明天就去考考她。”第二天，黄雷一回家便迫不及待地对爸爸说：“爸爸，真神了，我们老师知道的东西就是多！服了！我还真服了她！”爸爸赶紧接着说：“你们的老师就是棒！你们的老师确实懂得很多的知识。以后呀，你要好好跟她学哟！”黄雷听话地连连点头。

4. 解铃还须系铃人。心理学上说，“每个人的内心都有一种根深蒂固的需要，那就是希望被别人肯定和赞赏。”孩子也同样如此，他最渴望能够得到老师的肯定。小月有一段时间特别怕上学，特别怕见老师。原来是那段时间数学的学习内容有点儿难，令她产生了畏难情绪，而且也越来越害怕数学老师。爸爸想，解铃还须系铃人，只有请老师帮忙了。爸爸与数学老师沟通后达成共识，为了帮助小月，数学老师经常表扬、鼓励小月，还抽空给小月讲解难题，辅导功课。老师真诚无私的帮助也让小月渐渐走出了低谷，成绩有了提高，学习的劲头上来了，对数学老师也越来越喜欢。

5. 让事实消除误会。有一次，数学老师当着同学的面批评了小冰，让她觉得很没面子，所以一直耿耿于怀。爸爸了解到这一情况，就悄悄地找到老师，说明了情况，并和老师做了交流。老师并不知道自己的做法给孩子带来了伤害，马上表示要想办法挽回影响。第二天，老师精心准备了一道数学难题让同学们做。在看到小冰正确解题后，老师特意请她到黑板前示范，并表扬了她。回到家里，小冰得意扬扬地告诉爸爸：“老师今天表扬我了！”爸爸趁热打铁：“看来老师对你也是比较客观的，有错误要批评，有成绩就表扬。你说他这样做对吧？”小冰不好意思地点了点头：“那当然。”小冰的心里踏实了，从此不光喜欢上数学老师，也喜欢上了数学。

点评

孩子的心理比较稚嫩，看待问题仅凭自己的感觉。也许就因为一个眼神，他会认为老师不喜欢自己，进而讨厌老师，讨厌老师的讲课。也正因为稚嫩，心理具有可塑性，纠正起来还不算难。所以父母一旦发现孩子心理有问题、思想有波动，就要及时与老师联系、沟通，想办法给予协助，帮助孩子尽快消除误会，恢复正常的学习和生活。

让读书成为孩子的最爱

有一天，正读小学一年级的佟小明回到家，兴冲冲地对爸爸说，在班会上，他被同学们评为“最爱看书的学生”。看着佟小明自豪的样子，爸爸也不由得感到骄傲起来。

记得佟小明刚上学时，爸爸和许多望子成龙的家长一样，从书店搬回精挑细选的图书，渴望儿子把它们当成朋友。可事实证明，那只是爸爸的一厢情愿，佟小明对它们根本就是视而不见。一开始，爸爸强制性地把佟小明拽到书桌旁，规定他每天必须读多少页。可强扭的瓜不甜，爸爸的计划总是落空。佟小明通常只瞄两眼就把书扔在一边，然后自顾自玩去了。

怎样才能让儿子对书感兴趣呢？爸爸一直思考着这个问题。一次，爸爸带他到书店看书，大概是受电视《大头儿子和小头爸爸》的影响，小明对一套彩色带图画的《大头儿子和动物的故事》产生了兴趣，缠着要爸爸买。爸爸认为那套书图画多，字又大又少，而且价钱特别贵，买了不划算，就提议给儿子买一本有保存价值的世界名著《安徒生童话》。可佟小明像着了魔似的，又哭又叫，非此书不买。无奈之下，爸爸只好狠下心，买了儿子自己选的那套书。回到家，小明乐滋滋地捧着自己选的书看起来。一个星期内，他在没有爸爸督促的情况下，看完了全套书。

通过这件事，爸爸意识到大人和孩子在选择图书时有很大的区别，依从文学价值、思想价值、教育意义等方面千挑万选的书，到了孩子那里可能就会一钱不值。同样，孩子喜欢的书不一定会得到大人的认可。从那以后，爸爸不再

越俎代庖，替佟小明买书了。佟小明自从掌握了买书权后，看书的兴趣也越来越浓了。随着认知水平的提高和兴趣的转移，他选的图书也在慢慢发生变化。由浅显的童话故事、迷宫、脑筋急转弯等逐渐过渡到《海底两万里》《金银岛》《汤姆索亚历险记》《小灵通漫游未来》等科幻、科普图书。前几天，佟小明整理书柜时，硬要把《大头儿子和动物的故事》撤下书柜送给表弟，理由是内容太简单了，没看头，搁在书柜里占位置。爸爸暗自偷笑，这套书可是儿子当初大哭大喊争取回来的，没想到才过半年，就遭到如此的待遇。

佟小明读书的习惯养成后，爸爸在巧妙地引导他正确阅读科幻、科普书的同时，也有意识地将儿子的目光投向其他领域的图书。

亲近书籍，就是亲近一位良师益友。孔子在《论语》中说：“知之者，不如好知者；好知者，不如乐知者。”意思是对读书有了认识的人，不如对读书产生爱好和兴趣的人；而对读书产生爱好和兴趣的人，不如把读书引以为人生乐事的人。

读书是开阔孩子视野、获取知识的一种学习方法，也是一种能给孩子带来无限乐趣的学习活动。

让读书成为孩子最爱的方法

1. 营造一个家庭读书的良好氛围。孩子总是很容易受环境影响的，不然就不会有“孟母三迁”的故事。在一个举手就可拿到书的环境里成长，很少有孩子会对书籍产生抗拒。培养孩子的读书习惯，父母应该营造这样一种氛围：少看电视多读书，经常交流读书的心得和乐趣，让孩子从父母的喜悦中渐渐体会到读书是一件愉快的事情。这种潜移默化的影响是挡不住的。

2. 多带孩子上书店和图书馆。要读书，首先要买书。买书，不在多，而在勤。可以每个月给孩子买两三本，寒暑假和节假日再多些。买书时，最好带孩子一起去，可以让他自己选书。选书的内容可以是学习用书，也可以是娱乐用书，相信这样做孩子会把购买图书当成一种娱乐休闲方式。除了买书，还要带孩子去图书馆。孩子好动，硬让他关在家里静下心来看书，可能会使他产生逆反心理，导致对读书的反感。把他带到图书馆，可以满足他走出家门的欲望，在一种放松的心理状态下，比较容易展开引导。日常生活中，父母应注意给孩子出一些需要查阅资料才能回答的问题，并在孩子无法解答的情形下，巧妙引导他到图书馆里自己寻找答案。让孩子带着问题进入图书馆，通过对书籍的利用解决问题，享受成功的喜悦。时间长了，孩子自然就能体会到读书的好处，萌生亲近书籍的愿望。

3. 引导孩子阅读入门。阅读应该从小开始。有韵律的文字和优美的插图比较容易引起孩子的兴趣；较之散文，诗歌更易为孩子所接受。良好的阅读习惯的养成并非是一朝一夕之功。让孩子从轻松的听故事和被情节吸引，转向为阅读本身所吸引最为关键。父母要引导孩子从为情节而读书转为真正的阅读，使阅读成为他的一种生活方式，让他认定：阅读是一种愉快的娱乐。

4. 引导孩子正确选择图书。从选择孩子感兴趣的书入手，比如可以从一首儿歌或童话故事开始，渐渐发展到有目的地选择图书。

5. 不能强迫孩子读书。强迫的做法会让孩子变得焦躁、不耐烦，潜意识里产生抵触读书的情绪。

6. 开辟一个书房。当孩子稍大一些时，如果条件允许，空出一个房间当作他的书房，配有专门的小书桌和各种图书、画册；如果家里空间不够，也可在客厅一角，安放孩子自用的书桌和椅子，每天和他在那里看一会儿书。

点评

许多家长在抱怨孩子不爱读书的同时，并没有静下心来想一想，在为孩子铺设读书习惯的道路上，自己是否真正关注过孩子，真正读懂过孩子；在孩子成长的每一步，自己又是否及时地为他们递上有力的双手，为他们指引一条正确的道路。

捧一本好书为孩子大声读

自从小梅成为一年级新生后，爸爸就开始每天抽时间为小梅读书。爸爸的初衷很简单：一年级的孩子注意力难以持久，如果让她自己阅读，刚开始孩子会显得很兴奋，但很快就会被动画片吸引。于是爸爸跟小梅商量：只要按时完成当天的家庭作业，就讲故事给她听。从此小梅爱上了听爸爸讲故事。爸爸为她读的故事有很多：一开始时选彩图版的《小红帽》《木偶奇遇记》，后来爸爸发现手头的那本《哈佛家训》很适合朗读。于是，每天临睡的讲故事时间成了小梅最开心的时刻。就这样持续不断地读着，后来爸爸发现小梅慢慢也拿起书看了。于是爸爸换了一种方式，让小梅把自己觉得最有趣的书推荐给爸爸，然后爸爸再读给她听。能让爸爸读她自己选的书，对小梅来说简直就是一种骄傲。有时周末，爸爸也会让小梅为大家朗读，这一举措更引起了小梅的阅读热情。

曾经有人做了一项“家庭读书环境”的调查。调查结果显示：99.01% 的孩子都希望爸爸妈妈每天陪自己读书、讲故事，但喜欢在家里看书的父母却只有 14.86%。相信很多人看过或听过这样一段话：“你或许拥有无限的财富，一箱箱的珠宝与一柜柜的黄金。但你永远不会比我富有——我有一位读书给我听的妈妈。”这是畅销美国的《朗读手册》的作者、美国作家吉姆·崔利斯铭记一生的阅读感悟，也是他号召全天下父母行动起来的宣言。有多少家庭的夜晚是在电视和麻将的陪伴下度过的？又有多少家长在孩子的阅读中是缺席的？所有做父母的是不是有必要从繁杂的事务和应酬中抽出一点儿时间来陪陪孩子呢？帮他们选择一本好书，为他们读上一首优美的小诗，讲一个有趣的故事，这可以影响孩子一生。

为孩子大声朗读，是培养孩子阅读习惯的最为简易而有效的方法。这里的“大声”不是说要发出多么大的声音，而是指读出声音来。被称为“日本图画书之父”的松居直先生认为，使儿童喜欢书，不是靠文字，也不是靠图画，而是靠耳朵。倾听是孩子阅读的开始，孩子最初的阅读兴趣和良好的阅读习惯都来源于倾听。为孩子大声读书，在西方是一个传统。美国教育部于 1985 年正式确认“为孩子大声读书”和“持续默读”为最行之有效的两种阅读教育方法。

有一位著名大学的教授常被一些家长问道：“怎样使我的孩子提高学习分数，或者使他更好地做准备？”这位校长回答：“世界上最好的学习准备课程是在他们小时候给他们读书。如果对他们来说这是一种美好体验的话，他们就会开始自己读书。”

朗读可以启发想象力，孩子听了好听的故事后，会激发起对故事情景的幻想，以及对故事细节的探究，进而引起翻阅原书的兴趣。故事讲到临近结束时，父母可以停顿一下，让孩子自己猜想故事的结果，允许孩子猜出多种不同的结果，这样可以使孩子的想象力得到发展。朗读还可以延长孩子注意力集中的时间，因为孩子听故事时是最乖的，这些小家伙们甚至希望故事永远也讲不完才好呢！

许多家长都有一种倾向，那就是在孩子自己有能力翻看书的时候，就不再为他读书了。但是，这时候千万不要停下来！要把为孩子朗读当成一种终身乐趣和生活方式。

为孩子大声朗读，贵在持之以恒，选取合适的时间段，每天坚持 15 分钟到 20 分钟，孩子对阅读的兴趣就会在父母抑扬顿挫的朗读声中渐渐产生。让孩子坚持听读可以使孩子注意力集中，有利于扩大孩子的词汇量，并能激发想象，拓宽视野，丰富孩子的情感。在每天的听读中，孩子会逐渐领悟语句结构和词意神韵，产生想读书的愿望。为孩子经常朗读，还会使孩子发育得更好——不仅仅是在语言和智力方面，也包括情感上的发育，因为朗读可以促进自信、交际能力和对环境的适应能力。同样重要的一点是，在为孩子朗读的过程中，孩子会感受到父母对他的关注，对他的爱，这种感受对于孩子健全人格的发展乃至他的一生都有帮助。

为孩子读书的方法

1. 不要仅仅是在孩子不愿上床睡觉时才为他读书。当下雨的星期天不能出外活动时，或是在不看电视的晚上，总之，在孩子喜爱听读的任何时候，请为孩子找一本好书，为孩子朗读。

2. 应该津津有味、兴致盎然地朗读。父母为孩子读书的时候，孩子会看着家长。家长不管有多么累，态度切勿懒散松懈。若大人表情厌倦，就别期望孩子能够产生兴趣。

3. 朗读不要太具表演性。因为变换太多的语调会干扰孩子的注意力，使他忽略故事的情节，且好作品本身也无须美化。

4. 一本好书可以读很多遍。不要以为重复读一本书会使孩子感到乏味，有时，家长认为已经很熟悉的内容对于孩子依旧是新鲜的。只要孩子喜欢，这种重复就是有意义的。

点评

有很多项研究证实，读书给孩子听好处无穷。朗读是使孩子习惯于读书的最重要的手段。在孩子认字之前，父母应作为他的读书工具，从而引导孩子走向并热爱真正的阅读。给孩子朗读还有助于孩子学习新词，比如有很多孩子不懂的形容词或成语，是从故事情节里，还是从识字卡中更容易让孩子接受和理解呢？孩子如果从来没听过或说过某个词语，到他见到这个词时，相信也难以读出来。

和孩子一起编故事

每逢周末，大海的爸爸都会琢磨怎么和儿子一起编故事。其实故事不一定都要求离奇或曲折，爸爸的办法是在讲故事的时候不断地给孩子设局。

通常爸爸会征求儿子的意见，想听什么样的故事？今天大海说想听麻雀和孔雀的故事。

于是爸爸先开头：

麻雀和孔雀在一块儿玩。看到麻雀显得不是很开心，孔雀关心地问："你怎么啦？是不是不舒服？"

麻雀回答道："为什么我一直穿这身褐色的衣服，而不是像你一样花花绿绿的？"

孔雀说："是啊，真的好奇怪，我也想知道。要不我们一起问问大海吧。"（这样，大海便开始加入故事角色当中了。）

"咚咚咚，请问屋里有人吗？"

大海："有，请进来吧。"爸爸提醒大海一定要问仔细，他于是补充了一句，"请问你们是谁呀？"接着请进了麻雀和孔雀。

大海很认真地跟麻雀对话："这个问题我是这样想的。你要是想换上孔雀花花绿绿的衣服的话，就飞不起来了，很容易被人捉住。这样不是有点儿危险吗？"

"其实我也没什么好办法。麻雀你别不高兴，我问问爸爸吧。"

大海把话头转给爸爸了，编故事的时候他经常这样求助爸爸。爸爸就会讲点儿动物方面的知识给他。

很快大海又说：“我有个主意，咱们来个会餐吧。”

“大海，那你能不能帮我们画请帖呢？”

一会儿工夫，大海就画了好几个图案。像这样孩子动手动脑，自己参与故事设计，俨然一个活动策划。

“会餐那天到了！大家都来了，还带了好多好吃的呢。”爸爸为了营造气氛，大呼小叫的。

“我来布置一下桌子，我们从家里带碗和盘子！”

“爸爸，我应该带点儿装饰的蝴蝶结，还有气球。椰子树下正好有阴凉。这样就更漂亮了。”瞧，大海激动得手舞足蹈，好像聚会真的就要开始了。

爸爸模仿着椰子树老态龙钟的声音：“孩子们，我一直都孤孤单单，好想听听你们给我唱歌啊。”

“我唱我唱。”孔雀说它要唱。大海也急了，大喊：“我也唱！”

于是大海开始表演节目，唱完之后还频频鞠躬感谢大家鼓掌。其实场下观众只有妈妈一个人，其他都是假想的。但爸爸觉得多次这样表演之后，将来真正遇到一个party，孩子应该会很容易投入进去，也很容易获得快乐。

最后，小麻雀因为胆子小没有主动要求表演节目。会餐结束了，它很后悔，很不开心。

“大海，小伙伴心情不好，你要不要安慰一下他？”

大海于是说了许多安慰的话，并且说：“下次聚会你一定要表现勇敢！”

一年级孩子刚入学，掌握的知识还不多。枯燥的讲解，对他们又没多大作用。因此，大海爸爸根据发生在他们身边的小事，试着编成童话故事，来达到教育的目的。“瞎编”故事是一种探索、想象、创造、虚构的过程。一个爱“瞎编”故事的孩子，往往思维敏捷，语言表达清楚连贯，富有想象力，长大也容易成为一个演说家、发明家。这里要指出，“瞎编”故事并不是胡编乱造，需要教给孩子编故事的简单技能。包括：如何编故事的开头？可教孩子用“有一天，假日的早晨，我有……”等类似语言开始。如何编故事的情节？引导孩子先在脑海中对情节形成粗略的轮廓，然后用语言把这个情节前后发生的顺序逐句描述，可用“先……再……接着……最后……”等语言连接整个故事情节。如何编故事的结尾？可以将故事发展的结果作为结尾，也可以用提问法作为结尾。这些做法有利于孩子围绕主题“瞎编”故事。

此外，在孩子掌握简单的编故事的技能后，在日常生活中，家长应扩大孩子的阅读范围，调动孩子的多种感官综合感知，获得大量的消息（编故事的材料、丰富的词汇等）。这样，有利于孩子收集编故事的材料。

和孩子一起编故事的方法

1. 谈话导入。例如，“孩子，你喜欢听故事吧？好的故事都是人们精心编出来的。大人们能编，小孩子也能编。你想编故事吗？今天，我们就来看图编一个故事吧！看谁是编故事大王。”通过这样轻松、自然的开头，亲子互动交流，创设宽松氛围，自然导入编故事情境之中。

2. 观察图画。例如，爸爸可出示一些挂图，“你瞧，这四幅图分别画的是什么呢？你仔细看图，然后把四幅图的意思连起来简单地说说讲了一件什么事。”通过引导孩子仔细观察，初步了解四幅图的主要内容，培养孩子的观察能力。

3. 讨论交流。例如，“如果你是这个小朋友，有一个陌生人来敲门，你会怎么做呢？”和孩子进行讨论，把后面的故事编出来。这里，可以引导孩子发挥想象，把自己当成故事中的主人公，大胆说出自己将采用的种种办法，从而培养孩子的想象能力和创新意识，使孩子懂得要动脑筋想办法，学会保护自己，并为下一环节提供素材。

4. 故事接龙。例如，“下面让我们来玩个有趣的游戏——故事接龙。我说出故事的开头，你接着把故事说完，每个人只能说一小段，看谁接得最好。”

（1）爸爸说出故事的开头。如：星期天早上，天气晴朗，爸爸妈妈都出去了，小明早早地起了床，在家里认真地做作业。

（2）让孩子一个接一个往后编故事的一小段情节，直到把故事编完。

点评

鼓励孩子从小编故事，还能为他今后学习书面语言、写作打下扎实的基础。请给孩子自由想象的空间，鼓励孩子大胆地“瞎编”故事吧！

带孩子到大学参观

吕星星还是一年级小学生的时候，爸爸就对他说："好好读书，将来上大学。"星星忽闪着大眼睛发出疑问："什么是大学呀？"百闻不如一见，爸爸于是利用"十一"假期带他到一所法律大学里转转。

一进校园，星星禁不住赞叹："这里真大呀！"爸爸也很兴奋。一位大学生姐姐带他们参观了整个大学城，还给他们介绍了各种各样的教学楼。让星星印象最深的就是这里的图书馆。这座图书馆建得非常有特色，从上往下看，楼顶就像一本厚厚的书。因为是放假期间，校园里人并不多。但星星可以想象得到，到了开学时，这所校园里肯定会有很多大学生哥哥、姐姐在这里学习生活。

随后，星星和爸爸被带到一个模拟法庭里，他们穿上了审判员的衣服，还照相留了影呢，可威风了。在这里，他们还看了一部电影。讲述的是一个父亲为了帮助受伤的女儿讨回赔偿，曾四次上法庭，依靠法律的武器为女儿争得了

应有的赔偿。这不仅让星星懂得了在日常生活中要注意保护人身安全，还让他懂得了在人身、财产安全受到伤害时，要运用法律的武器来维护自己的合法权利。看着审判席，星星开始幻想自己成为法官的那天，用自己学到的法律知识，为正义开庭。

最后，他们来到了实验室做实验。在这里，星星见到了神奇的红外紫外鉴别仪。一封装在信封里的信件，用肉眼当然看不到写的是什么内容，但是用上红外紫外鉴别仪，里面的内容就能看得一清二楚。学着爸爸的样子，星星也用手指在一块玻璃上按了一下。一位实验员大哥哥用一种金粉在上面抹了一下，玻璃上的指纹就能看得清清楚楚了。星星觉得这一切太奇妙了，原来科学是这么的神奇。

天气虽然很热，星星和爸爸不仅玩得开心，还看到了平时看不到、学不到的东西。他真希望自己快快长大，也成为一名大学生，在大学课堂里学到更多的知识。

带孩子到大学看看，能让他早点儿接受大学校园文化的熏陶。带孩子到大学里看看，也可让父母年轻时的美好愿望变成孩子的具体追求目标。每个父母都希望孩子能上大学，但对孩子来说，大学在哪儿？大学是什么样子？大学是干什么的？这些都是陌生抽象的概念。孩子一旦真正走进大学，就会看到教学大楼、实验大楼、研究生院、学术报告厅、博士论文答辩的海报、著名教授学者的塑像、一眼望不到头的校园大道以及两旁的参天古木。这些一一拓展着孩子的视野，拔高着孩子的视点，让他们感到这里既高深莫测又趣味盎然，从而对大学生活产生强烈的向往，为他们树立远大的理想打下基础。

带孩子到大学参观的做法

1. 陪孩子去就近的一些大学校园里，找块绿荫，让孩子静静地复习。

2. 领孩子参观校园里著名教授学者的塑像，或建校史陈列馆，以及校园内的其他纪念碑、遗址等，让孩子产生敬佩之情，从而激发学习动力。

3. 带孩子到高校的食堂里吃顿饭，要远比带孩子进酒楼、饭店更具教育意义。

4. 让孩子参加大学夏令营活动。大学校园，既具有园林微型山水的自然风格，又呈现都市群楼的大家气派，人文资源的价值也各有千秋，是陶冶孩子高尚情操的最佳环境。仅北京大学就有 22 处文化景点，几乎就是中国近代史的缩影。

5. 如果住地没有大学，可以带孩子到附近的各种专科学校去参观或访问。

点评

假期到了，带着孩子到大学校园去游览吧。激励孩子，学校的大门是向他敞开着的，只要他下决心去学习，努力地去学习，考上大学的梦想一定能实现。当孩子们从大学校园回来后，一定会说：“上大学真的不难。因为，我曾到大学里游览过了。”带孩子到大学看看，是休闲时节的名胜旅游，更是回报丰厚的家庭教育。

创造一个良好的学习环境

老师今天批评了南宏，因为他没有完成家庭作业。可是老师却不了解，在南宏家中根本是无法学习的。以前爸爸妈妈吃完晚饭后就看电视，吵得南宏无法学习。现在爸爸妈妈迷上打麻将，为了玩牌他们还和南宏争桌子。屋子里乌烟瘴气，弄得南宏不能学习，只好先睡觉，等他们玩够了自己再爬起来做作业、温习功课。可南宏毕竟刚上一年级，还是个小孩子，通常一躺下就会睡到第二天，所以作业常完不成。在这样的家庭环境中南宏实在待够了，他也知道自己学习成绩不好，拉了全班的后腿，可他又能怎么办呢？

学习是一项艰苦的脑力劳动，需要踏实、专心，最忌讳浮躁、精神不集中。一个孩子在家里学习的时候，必须入境、入静，即做到目的明确、思想集中、心里踏实、适度紧张。一坐到书桌前，先想一想要干几件事，安排好先干什么后干什么，避免忙忙乱乱，自己给自己造成不踏实。每干一件事，就必须全力以赴，不想其他，同时保持适度的紧张感，提高学习效率。要达到这样的境界，需要家长与孩子共同努力，家长要起到重要的引导作用。越是年龄小的孩子，越需要家长多下功夫。

创造良好学习环境的方法

1. 给孩子预备固定的学习桌椅，桌椅的摆放位置不能经常变动。学习最忌讳打游击，一会儿在这里写作业，一会儿又被轰到别处去。桌椅一旦固定，孩子容易形成专心学习的心理定式，一进入这个环境，脑子就进入学习状态。家长们可能都知道马克思在大英图书馆读书的故事，为什么他每天固定坐在一个座位上？就是为了更专心地读书学习。

2. 桌子上不能乱七八糟地堆放东西，应整齐地摆放课本、作业本、文具以及必要的工具书，旁边有一个小书架、书箱更好。桌子上和桌子旁边绝不要放玩具、零食，以免干扰孩子学习。

3. 房间布置要适合孩子学习。孩子的房间布置应简洁、明快，摆放物品不能太多太杂。墙壁以淡色为好，不要贴、挂很多东西，可以有一条关于学习的格言或座右铭，最好由孩子自己选择。有的家长让孩子从自己的实际出发，自己编写格言、警句，抄好贴在墙上，这个办法值得借鉴。

4. 房间的布置适当考虑孩子的个性特点。比如有的孩子特别好动，房间就应减少大红大绿、花色斑驳的东西，以免助长他的不稳定的情绪；有的孩子过于内向、沉闷，房间的布置就反而需要热烈、活泼一些。

5. 在孩子学习时应尽量保持安静的环境。孩子学习时，家人应尽量保持安静，电视、收音机最好不开；如果在不同的房间，应把门关好，声量调小。说话不宜大声，尤其不要吵架。生活在宁静、清幽环境中的孩子智商较高，而一个噪声充斥的天地则是智力开发的最大障碍。因此，让孩子尽量避免各种噪声的干扰，有利于他的智力发育和学习成绩的提高。

6. 家里人最好有共同学习的时间。如果条件允许，每天晚上几点到几点，全家人都同时学习，有的读书，有的看报刊，有的写东西。这样的家庭气氛最能促进孩子专心学习。

7. 在孩子的居室和书房里置放一些花草或芳香物品，造成一个香气洋溢的环境，有益智的功效。生活在芳香环境中的孩子，无论在视觉、知觉、接受与模仿能力等方面都有明显的优势。其奥妙在于芳香能给人一种良性刺激，使人心情愉快，情绪高涨，增强听觉、嗅觉及思维的灵敏度。

8. 实验证明，不同颜色对人的心理与生理的影响也不同，一些颜色具有益智作用。例如淡蓝色、黄绿色以及橙黄色能振奋精神，提高学习注意力。将孩子居室的墙壁涂成淡蓝色，或悬挂一些淡蓝色背景的挂图或条幅，将有助于孩子学习。

9. 家庭和睦，气氛融洽，充满亲情之爱，可增进孩子的智力发育。相反，夫妻反目，争吵不休，孩子享受不到母爱或父爱，感情压抑、孤独，智力亦会受损。经大量有关调查发现：绝大多数成绩不好的孩子，并不是因为智力不行，而是因为家庭环境的不良影响所造成。不良家庭环境带给孩子的影响，不仅是在生活、健康、学习方面，更严重的是对情感、个性、品德的恶劣影响，往往会伤害孩子幼小的心灵，甚至影响他一生的心态。目前常见的不良家庭环境有：

◎父母离婚。父母一旦离婚，家庭的正常生活就会被破坏。这种打击对年幼的孩子往往比成年父母更加沉重。加上生活缺乏照顾，情感上的需求得不到满足，孩子稚嫩的精神世界仿佛整个崩溃了，经常表现为情绪低沉、郁郁寡欢、自卑感强、不合群、学习成绩下降。

◎父母认识不一致。同一家庭中如果不同的成员对培养下一代所持的态度不同，就会使孩子不能形成统一的行为标准，从而失去方向性，增加随机性。例如：孩子的母亲主张孩子继续上学，而父亲却坚持让孩子辍学经商，并为此经常吵闹不休，使得孩子无所适从、情绪不稳定，从而导致学习成绩下降或积郁成疾。

◎父母不惜钱物。有的家长为了让孩子完成家庭作业或得高分数，就给孩子钱或买昂贵的奖品，搞金钱、物质刺激，这无疑是另一种意义上的贿赂，使孩子丧失内在的学习动力，为钱财读书，实在是有害无益。另外，父母不惜钱物，家庭装修豪华，追求吃喝玩乐，往往也会使孩子贪图安逸享受，不求上进。

◎父母娱乐过度。父母打牌成瘾，甚至废寝忘食，令孩子的生活失去规律，在嘈杂的环境中难以安心学习，睡眠不足进而影响第二天的听课，长此以往，自然会影响学习效果。

对于存在以上不良环境的家庭，家长应该尽力、尽快加以正确解决，迅速给孩子营造一个良好的学习环境。

点评

美国著名科学家哈里克 · 朱克曼对美国从 1901 年到 1972 年的 71 位诺贝尔奖奖金获得者进行调查分析，发现有 81. 7% 的人出自有文化素养的家庭。可见，孩子成才需要一个知识的温床。

让孩子带着好心情上学

有一个小女孩，胆子很小，性格内向，一天到晚不声不响，学习成绩也不理想。有一次数学作业做得特别不好，基本上没有一道题做正确。爸爸看了作业，却对她说：“我相信，我的宝贝女儿一定是块学习的好材料！下次的作业你一定能给爸爸一个惊喜！”真让人没想到，从此以后，这个女孩变了，性格变得活泼了，学习也很有积极性，作业自然做得好多了。

学生到学校上学，不仅带着大脑，还带着他们的心，他们的热情，他们的体验，他们的希望，他们的梦想，以及他们的畏惧。学生要想在学习上取得成功，必须首先学会处理影响学习的情感。

在学校里，学生的感受与情感通常被忽略了。是的，现在有专门对大脑的研究，人们目前对人在抑郁和愉悦时大脑里的化学变化也有了很多了解。但学生们在学校里的日常感受却被忽略了：担心上课听不懂，担心作业做不好，担心被老师批评，以及担心自己不被同学接受。学生的这些感受对他们的学习成绩都会产生很大的影响。

家长必须处理好孩子的情感问题，才能赢得提高孩子学习成绩这场战争。

这需要每一位做父母的都要为之努力。

有的家长，大清早一起床就对孩子大声呵斥，有的甚至大打出手，更有一些家长几乎每天都是这样。孩子哭哭啼啼，带着一个坏心情去上学，这样学习的效果能好吗?

俗话说，一日之计在于晨。孩子早晨的心情不好，就会影响上午的学习，甚至影响一整天的学习。那么家长能做些什么呢? 以下思路供大家参考。

让孩子带着好心情上学的做法

1. 充分利用“一句话的魔力”。一年之计在于春，一日之计在于晨。早晨对于孩子们来说的确太重要了。离开心爱的爸爸妈妈，即将走向学校这个大家庭，此时，孩子们最需要来自父母的关爱。父母的微笑、亲切的一句话对孩子一天的心情都会有决定性的影响。因此，在每天早晨，当孩子离开家时，爸爸妈妈一定要这样说，“贝贝，真棒！今天你是我们家起来最早的一个。”“乐乐，今天你的辫子真漂亮。”

2. 填写“心情指数表”。孩子每天放学回家的第一件事，可以到心情指数表上用星星去表示自己快乐、不高兴或不好也不坏的心情。父母应及时进行记录，如果发现孩子连续几天不高兴，就要和孩子一起寻找原因，努力改变孩子的不佳情绪。

3. 说说自己最开心的一件事。在孩子临睡前，父母可以让孩子讲讲自己今天最开心的一件事，使孩子受到快乐情绪的感染，开开心心地进入梦乡。

4. 经常和孩子交谈。可以经常问问孩子“你最近的感觉怎么样？”然后仔细听孩子的回答，并根据他的回答做出积极的反馈。

5. 应更多关注孩子的情绪问题。当孩子快乐时，鼓励他与人分享。当孩子发怒时，可以先冷处理一下。当孩子害怕时，及时给予他安慰。当孩子失败时，积极鼓励他想办法再做尝试，等等。

点评

不少家长都犯过这样的错误：认为孩子年龄小，批评了不会放在心上，一会儿就会忘了。其实不然，当孩子受到委屈的时候，也会像成年人一样，心里久久不能平静，老是想：为什么爸妈那样对我？我没有错啊，太不公平啦……就这样翻来覆去地想，势必会影响学习。和成人一样，孩子也需要有一个好心情。有了好心情，孩子上课时才会注意听讲，思维才会敏捷，学习效率才会高，作业才能按时完成。有了好心情，孩子才能遵守纪律，才能对同学友好，才能听老师的教诲。有了好心情，孩子的思维才能活跃，才能有创新意识，才能在学习中绽放出智慧的火花。

帮助孩子树立远大志向

据说小的时候，达尔文非常贪玩，在学校的学习成绩非常差。为此，他也常常受到父亲的批评：“你关心的只是打猎、玩狗、捉老鼠，这样下去你会使自己及我们全家蒙受耻辱的。”然而，父亲的批评，在达尔文幼小的心灵上并没有留下什么痕迹。有一天黄昏，父子俩沿着河边散步。看着一艘艘在河里穿梭的船只，小达尔文非常入迷。这时父亲充满爱意地拍了拍儿子的肩膀说：“孩子，你看，虽然是在这同一条河流里，却只有那些高挂着白帆的大船，才能航行到很远的地方，不断地去开拓自己航行史中一次又一次的辉煌。而那些小舟呢？你看它们只能在自家门前的地方捕捉点儿鱼虾，永远也创造不出什么值得

自己骄傲的历史。其实，做人也是一样的。你不学习，不上进，不把自己打造成一艘大船，那你就永远也没有机会到外面去实现你心中的伟大理想啊。我的儿子，你不想一生都做一条只在自己家门前打鱼捉虾的没出息的小舟吧？”

父亲的话，加上眼前生动、壮丽的景象，深深地触动了达尔文的心灵，让他突然感受到了一种从未有过的神圣使命感。他意识到自己不能再在游乐上虚度岁月了，而是一定要把自己打造成一艘“巨船”，去远方，在人生的海洋中，实现自己心中的梦想！

从那以后，达尔文渐渐成熟起来了。他把自己过去用于玩乐的精力和兴趣，都转移到了读书与研究中，按照他自己的话说：“我开始像只饿虎一样地投入到学习之中。”后来，由于他在博物学方面的热情和渊博的知识，被英国皇家海军邀请到“贝格尔”号军舰上做环球航行。这次航行，让他有机会在世界范围内对动植物进行了大量而又深入的研究，终于写出了震惊世界的《物种起源》一书，提出具有划时代意义的进化论。

实际上，人的志向从儿童阶段就开始萌生了。它是随着孩子学习与实践活动的发展，随着家庭和学校教育的不断深化，从无到有、从低水平到高水平逐步形成的。如果说志向是人生的航标，那么父母就要帮助孩子从小树立远大志向，当好孩子人生路上的领航人。

帮助孩子树立志向的做法

1. 要找出孩子的素质优势和兴趣所在，扬长避短，确立发展的目标。只有在了解孩子的基础上，才有可能有针对性地帮助孩子做出适合自己的志向选择。在孩子小的时候，兴趣爱好是不固定的，做父母的要因势利导，为孩子积极创造发展兴趣爱好的条件。

2. 帮孩子立志的同时，家长还要引导孩子脚踏实地做出自己的努力。如果父母胸无大志、目光短浅，就很难使孩子树立远大理想。有的人从眼前利益出发，把能赚钱作为奋斗的目标和有本事的标准；有的父母甚至公开向孩子灌输“金钱万能”的思想，甘心情愿让孩子弃学经商。对于年幼的孩子来说，从小打下了这样的思想烙印，很难在未来成才的道路上有所作为。所以，为了孩子的将来，家长应当把眼光放得远一些，对自己的消极言行要尽量收敛。

点评

求学不仅限于读书，而是包括了学做人，学做事，学知识。但有一个先决条件，就是要培养孩子先立志。因为有了远大志向，孩子做人、做事、做学问才会有目的，才会有动力。

父母为孩子做出积极榜样

“爸爸，妈妈，快来呀！到读书时间了！”姗姗一脸认真地指着挂钟，催促着正在津津有味地看着电视连续剧的爸爸妈妈。于是爸爸对妈妈说：“我们说话可要算数，这可关系女儿良好学习习惯的培养。”妈妈一听，自然不敢因小失大，还是痛别精彩的连续剧吧！这是姗姗家实行每天半小时晚读一个星期后的情景。

说起这每天半小时晚读，还得回到定出制度的一个星期以前。一向临睡前爱看书的爸爸照例看起了书。那天，姗姗提出也要看书，于是，爸爸随手拿了一本《红领巾画报》给她。姗姗居然捧着画报看得有滋有味，还自言自语地说着爸爸给她讲过的故事。爸爸想：这小家伙就爱凑新鲜。第二天，姗姗的姨妈、姨夫来家里做客。到了晚上八点钟，大人们谈兴正浓时，姗姗提出要去睡觉了，然后乐颠颠地拿着《红领巾画报》进了小房间，说睡觉前还要看书。这可让她姨夫吃了一惊。过了一会儿，大人们悄悄地走过去偷看，只见小家伙真的还在看书。姨夫见此情景，直夸他们重视对孩子良好学习习惯的培养，说回家对小外甥也要试一试。爸爸和妈妈听了，你看我，我看你，真有点儿受宠若惊了。

姨妈、姨夫走后，爸爸郑重其事地对妈妈说：“以后每天晚上八点钟，咱们就关掉电视机，你看你的报纸，我看我的专业书，让孩子也看书。我们要为孩子做一个好榜样。”于是，便有了开头的一幕。

后来，经过不断的实践总结，爸爸把姗姗的半小时读书时间，安排成第一天由爸爸讲给姗姗听，第二天让孩子自己看一遍，不懂再问爸爸。一学期下来，收获还真不小：爸爸摘录了50多张读书卡片，姗姗读完了近10本书，认识了许许多多的事物，同时也提高了语言表达能力、观察能力和思维能力。

家庭教育的主要教育力量，在于父母的榜样作用，这一点已为人们所共识。

俗话说：“榜样的力量是无穷的。”对青少年来说这一点更为重要。孩子的年龄越小，榜样的感染力就越大。孩子出生以后，首先接触的就是父母和家庭成员，他最初形成的行为习惯几乎都是从模仿家长而来的。因此，家长要特别重视榜样对孩子的巨大影响作用，时时处处给孩子树立好榜样。苏联著名教育家马可连柯曾经讲过：“一个家长对自己的要求，一个家长对自己家庭的尊重，一个家长对自己每一行为举止的注重，就是对子女最首要的、也是最重要的教育方法。”如果家长处处以身作则，他们的一言一行就会成为子女的表率。这不仅可以提高和树立家长在子女心目中的威信，而且可以使家长牢牢地把握住教育管理子女的主动权。

所以，在日常生活中，家长要时时严格要求自己，事事起模范带头作用。要求孩子做到的，家长首先要做到；要求孩子好好学习，做一名好学生，父母首先就要在本职岗位上兢兢业业，做出一番成绩来；要求孩子在思想品德上和同学团结友爱，互相帮助，父母首先就要与邻里和睦相处，友好往来，不在一些鸡毛蒜皮的小事上斤斤计较，不占小便宜，做到公正无私。

榜样的力量是无穷的。父母是孩子的第一任老师，也是孩子效仿的最直接的榜样。所以父母应该成为孩子高尚人格的榜样、多种能力的榜样和健康生活方式的榜样。

为孩子做榜样的方法

父母的榜样行为可以概括为以下几方面：

1. 求知善思。渴求知识，善于思考，这是人们开阔眼界、建立良好知识背景、创造性地解决问题的前提。懒得学习，懒得动脑的人不会具有什么创造性。如果父母本身如此，那么对孩子说再多“要好好学习，多动脑子”之类的话，恐怕也无济于事。常常听到一些父母在家里当着孩子的面说：“累死了，烦死了，真懒得再动脑子。”也有一些父母重视孩子的学习，但却认为自己的学习阶段已经过去了，所以对于读书、学知识兴趣不高。父母的一举一动，孩子都看在眼里，这些做法都会对孩子的健康发展产生消极影响。

2. 正派上进。这需要有正确的人生观、是非观，对社会上的丑恶现象，不但能分辨清楚，而且疾恶如仇，该反对的反对，能抵制的抵制，决不同流合污。让孩子看到父母鲜明的生活态度，这对孩子的影响将是巨大的。上进心，既体现在工作态度上，也体现在思想作风上。父母在事业上不断有所追求、不断有新的进步，不仅对孩子有很大的激励作用，而且孩子从父母的精神风貌中也会学到做人的真谛。

点评

父母是孩子最贴近的指导老师。尤其是处在幼小衔接阶段的孩子，模仿力特强，可塑性最大。父母的一言一行无不在时刻影响孩子的身心发育和成长，直至终生。此时，最需要父母的言传身教，说得好，做得更好；最忌讳说一套，做一套，言行脱节，表里不一。请记住：父母现在的行为就是孩子未来的行为。

父母要做聪明的旁观者

李浩浩的性格有点儿内向，却非常乖巧，画画、做手工是他的拿手活儿。在老师和同学眼中，浩浩是一个好孩子，但美中不足的是，学习成绩一直上不去。每当看到他的试卷上错的全是不应该出错的题，妈妈心中的焦虑便难以抑制。每次被妈妈一番训斥之后，浩浩就像一只受了惊的小羊，怯生生地站在一边，无所适从。时间长了，妈妈发现浩浩身上发生了一些变化：他害怕爸爸坐在他身边看他做作业，说是心里会紧张；每次考完试妈妈问他考得怎么样，他都会垂头丧气地说考得不好，没法儿考好。李先生这下意识到儿子的自信方面出现了问题，这可不是一件小事。

李先生开始反思自己的教育方式方法是不是存在问题，担心长此下去，浩浩会不会自暴自弃？

一次，浩浩捧着一幅画，兴高采烈地拿给妈妈看。妈妈当时只是心不在焉地说了句："不错，挺好的。"浩浩似乎没注意妈妈的态度，仍然兴奋地对她说："我是按照书上教的办法画的。你看，我再给你画一幅。"说完，三笔两笔之下一只栩栩如生的小狗便跃然纸上。浩浩满怀期待地望着妈妈，妈妈忽然意识到，这可能就是一个很好的帮儿子树立信心的机会，于是鼓励他说："真棒，会自己看书学画了，你真聪明。我们把这幅画贴起来好不好？"得到充分肯定后，浩浩心满意足地忙活着贴他的画去了。

就这样，浩浩的妈妈充分利用每一个机会表扬儿子的进步，抓住他的长处给他一个良好的评价：

“你今天的作业写得很认真。”

“你的字写得很好，都快赶上爸爸了。”

“没考好并不是因为不会。你是个聪明的孩子，只要努力一定会取得好成绩的。”

“今天又回答了两个问题？真好！”

从此妈妈对浩浩再也不是指手画脚，而是站在一旁为他鼓劲。浩浩一天天长大，自信心也不断增强。然而妈妈知道，一口吃不成胖子，浩浩要想取得更大的进步，还应付出更多的努力和艰辛。

父母都有望子成龙、望女成凤的美好愿望，但是运用不恰当的教育方式往往会导致拔苗助长的后果。问题出在孩子身上，根子却在父母。帮助孩子走出困境，教会他们树立战胜困难的信心和勇气，对每一位家长而言都非常重要。

做好聪明旁观者的方法

1. 给孩子充分的活动自由。孩子的独立自主性是在独立的实践活动中产生和发展的，要想培养独立自主的孩子，就应该为他们提供独立思考和独立解决问题的机会。

2. 与孩子建立亲密的亲子关系。让孩子充分感受到父母的爱，从而使他对父母和周围人都具有信任感。因为独立自主性的培养，需要以孩子的信任感和安全感为基础。只有当孩子相信，在他遇到困难时一定会得到帮助，他才有可能放心大胆地去探索外界和进行尝试活动。因此，在孩子活动时，父母应该陪伴在他身边，及时给他鼓励。

3. 循序渐进，不随便指点。切不可急于求成，对孩子的发展做出过高的、不合理的要求；也不能因为孩子一时没有达到父母的要求，就横加斥责。请先冷静地分析一下孩子没有达到要求的原因，以科学的准则来衡量，再相应地调整教育引导策略。

点评

谁都喜欢自信满满的感觉，即使一个孩子也不例外。所以，假如下次父母看到孩子在努力地完成一件工作而显得笨手笨脚时，请不要急着指责，或者迫切地提供帮助。“你错了”“让我来”……诸如此类的话有时会给孩子带来压力，更糟的是令他为此放弃努力。此时，聪明的父母或许会这样帮助孩子：允许孩子用自己的方式完成任务，哪怕过程和结果是不尽如人意的，但也要始终给孩子以支持。

当孩子通过自己的努力战胜困难，哪怕仅仅是完成了一个简单的拼图，他也能在这个过程中感觉到自己能力的进步，而这正是一个热情的初学者最美好的体验。

站在孩子的立场着想

别看张文龙只是个一年级的小学生，可他特别爱玩电脑游戏，还是个“CS”（一种射击类游戏）高手，在“传奇”（一种角色扮演类游戏）里也有很高的级别。所有科任老师对他的评价都是“聪明”。

就在这个学期，有一段时间，这孩子经常不完成家庭作业。第一次，他告诉老师说，昨天去外婆家里了，没来得及做完作业；第二次，他又说家里停电了，没办法做作业……这样持续了一周时间，老师发现情况不对了，就打电话把文龙的情况告诉了他的爸爸妈妈。

他妈妈听了非常吃惊，这才明白，原来儿子每天告诉她“作业已经在学校完成了”都是在说谎。妈妈一气之下就打了他一顿。在“严刑逼供”下，张文龙这才承认自己没完成作业是因为每天放学后都去网吧打游戏了。妈妈气得让他写检查。

晚上爸爸回家后，看见张文龙在写检查就问：“老师叫你写检查呀？”

“是妈妈让我这样写的。”他委屈地说。

“你是不是觉得自己犯了错误呢？”爸爸又问。

“我觉得自己没有错！”他回答得更委屈了。

爸爸见儿子这么倔，就试着换一种方式和他谈话：“爸爸想问你一个问题，你打游戏的时候，是不是特别关注游戏里每个人的命运，特别想知道以后会发生什么样的事情，所以就想一直打下去，无法回到现实中来？”

张文龙听了，用很诧异的眼光看着爸爸问：“爸爸，你怎么会知道？”

“我也喜欢打游戏啊。”爸爸这样回答。

“大人也喜欢打游戏吗？”他又问。

“当然，打游戏可以训练一个人的反应力，也可以活跃思维。实际上很多成年人都喜欢打电子游戏。”爸爸解释说。

“我也是这么认为的。我觉得打游戏可以让我更聪明，同学们也佩服我！”文龙说起来可得意了。

“但是，你占用该回家巩固知识的时间打游戏，就不对了！”爸爸开始严肃起来。

“那要是我做完了作业，巩固了知识，是不是就可以打游戏呢？”他期待地看着爸爸问。

“可以啊，因为那时候打游戏就是一种休息了，休息好是为了更好地学习！只是最好不要去网吧，一定要在家里，还要征得爸爸妈妈的同意才可以。”

他听了，做出一副心里有底的样子说：“知道了，爸爸，我以后再不去网吧了。”

后来，张文龙的确没有再去过网吧打游戏，也没出现不完成作业的现象，成绩还不错。有空的时候，他会在家里和爸爸较量一场“CS”，玩游戏的时间也交给妈妈来掌握。

其实，一年级孩子本来就不会犯什么太大的错误。他们只是特别希望老师或者家长能够理解他们的做法。只要站在他们的立场，就很容易和他们沟通。因为这样他们就不会觉得自己孤立无援，老师或者家长也比较容易纠正他们的错误。

当孩子有了自我主张，不可避免地会和父母的意见发生冲突，这时父母应该站在孩子的立场上，体会孩子的需要，而不是从自己的立场出发来判断这种要求的合理性。

站在孩子的立场着想的做法

在给孩子制订规则，限制他们的行为之前，父母首先应该学会倾听，学会设身处地地体会孩子的立场，并且尊重孩子，接纳他们的合理要求。这样父母的教育才会有效，孩子才会乐意听从父母，和父母配合。父母可以具体这样做:

1. 经常用商量的口吻与孩子对话，努力做孩子的朋友。交谈时目光保持平视，语气委婉，总是让孩子有思考的时间和表达的机会。

2. 经常给孩子的“错误行为”找到正当的理由，让孩子有为自己的事情做决定的机会，也让孩子有生气和恼火的权力。

3. 尊重孩子的自尊心，使他可以和父母心灵相通，感觉自己有能力沟通，感受彼此的信任。

4. 家长能经常回忆自己的童年，遇到问题时就容易理解孩子的心情。

5. 在制止孩子不受欢迎的行为时，父母先不要责备或羞辱他，应该试着向他说明自己理解和接受他的情感，再用积极的方式向他提出建议，帮助他用适当的方式表达感情，期待他改变行为，培养他的自尊和自信，让他感觉到爸爸妈妈是相信他的。这样做才是真正的尊重孩子。

点评

《人权宣言》里最著名的一句就是“人生而平等”。孩子从一生下来，他的人格就和成年人平等。但很多家长恰好弄反了：在人格上不能平等地对待孩子，在能力上却常常以成年人的标准来要求孩子，结果对孩子造成了伤害。站在孩子的立场上想问题，就等于掌握了孩子心灵的钥匙，就能够轻松地将他看似封闭的心灵打开。

规范孩子的学习习惯

蒋先生的女儿聪明好动，爱好广泛，特别爱看《叮当猫》。所以蒋先生经常给她买卡通书。但蒋先生也发现，女儿每次放学回来都是先看卡通书，然后才写作业，结果每次她都会很晚才写完。为改变这种情况，蒋先生和女儿约法三章：如果放学后先写作业再看卡通书，那么每半月就会给她买新书。小姑娘很高兴地答应并认真执行了。

不久，蒋先生的女儿被学校选拔去上海参加一个全国性的竞赛。在前往目的地的轮船上，晚餐过后，同行的同学们都到甲板上观风景玩去了。没经任何人提示，也没有任何人要求，到了该做功课的时候了，蒋先生的女儿独自在船舱里拿出书本，一如既往地开始学习起来。带队的老师看到后感叹道："这就是习惯！"

学习习惯指的就是：孩子在一定的学习情境下自动地去进行某些活动的特殊倾向。也就是说到了一定的时候，孩子会自动地去学习。良好的学习习惯，是提高学习效率、保证学习质量的关键。一年级小学生经过学龄前的教育，认识、情感以及意志方面都有明显发展，能力、性格等个性心理特征也在逐步形成。在学校和班集体的严格要求下，集体观念、自我约束和控制能力也有明显增强。家长应结合一年级孩子身心发展的规律，注重对他们良好学习习惯的培养。进而使孩子学龄前期形成的良好习惯得以巩固、发展，并通过教育改正其不良习惯。

养成孩子良好学习习惯的方法

1. 了解儿童身心发展规律，提出要求，引导孩子养成良好的学习习惯。经过学龄前的教育，孩子已经具有一定的约束和控制能力，但对学习目的还没有一个明确的认识，没有形成自觉学习的习惯。他们虽然能够比较长时间地坚持学习，但有时也会出现坐不住或感到疲乏的现象。如上课做小动作、说话、打哈欠等。这时就需要家长对孩子提出养成良好学习习惯方面的要求。这些要求包括：集中注意力，认真做功课，自己负责检查，发现错误及时改正；保持正确的学习姿势；注意用眼、用脑卫生等。

2. 坚持不懈，耐心细致，培养孩子良好的学习习惯。进入小学后，孩子的生活方式和日常活动内容发生了很大变化。由原来幼儿园的以玩为主，变为学校的以学为主。这一变化对年幼的孩子来说，需要一个适应的过程。从入学

的第一天起，家长就要教导孩子必须严格遵守学校的一切规章制度，养成良好的学习习惯。但良好的习惯不是短时期可以形成和巩固的，拔苗助长、急于求成，效果只会适得其反。家长一定要耐心细致地从点滴抓起，不断地提醒、督促孩子，有意识地帮助孩子明确自己已是一名小学生，肩负着努力学习的责任。

3. 从孩子的性格特点出发，进一步巩固良好的学习习惯。小学是孩子由依附向独立生活转化的重要时期。这一时期孩子独立活动的机会大为增多，如要独立思考、独立完成课内外作业，要自己整理书包、文具和书本等。在这一时期，家长尤其要善于诱发孩子独立学习的兴趣，培养他们的创造、开拓、进取精神，为培养良好习惯奠定基础。此外，还应正确认识和对待孩子的学习成绩。一年级小学生在学习成绩上可能会出现两种情况：一种是比较容易获得优异成绩，另一种是总要出点儿差错。这时家长不能把着眼点仅仅放在孩子的学习成绩上，而应对他们的学习情况做细致了解，具体分析，并针对不同情况，对症下药。对成绩优异的孩子，家长应给予适当表扬；对成绩不理想的孩子，家长也应保持冷静态度，主动帮助他们分析原因，激发学习积极性，从而促进良好习惯的养成。

点评

有研究表明：12 岁以前是人形成良好行为习惯的关键期；12 岁以后，孩子已逐渐形成许多习惯，新习惯要想扎下根来就难多了。孩子学会学习，就必须培养良好的学习习惯。凡是学习成绩好而且稳定的孩子，大都是从小培养并形成了良好的学习习惯；而成绩忽好忽坏的孩子，往往缺乏良好的学习习惯。现在的一些家长非常看重学习成绩，千方百计地培养孩子的外语、美术、音乐等多方面的能力，却忽视了良好习惯的培养，这恐怕就是这些家长最大的教育误区。

“冰冻三尺，非一日之寒。”良好学习习惯的养成并非一日之功，需要有一个循序渐进的过程。家长要善于挖掘孩子身心发展的优势，有步骤地进行养成教育，从点滴做起，潜移默化，求得实效，使孩子能够较快地适应学校环境，养成良好的学习习惯。

选择适合孩子的学习方法

曾经有一个小男孩，他每天要坚持拿出四个小时的时间弹奏钢琴。他的老师知道后，对他说："你不能这样练，应该马上停止。因为长大以后你根本没有更多的时间来练习弹钢琴。你应该养成习惯，只要一有空闲就练，即使几分钟也行。"男孩听从了老师的劝告，把练钢琴的时间分解到各个时间段，同时还安排了写日记、培植标本、到草地上踢足球等活动。而这一切，并没影响他的琴技。这个小男孩后来成了著名的诗人、小说家和极其出色的钢琴家。可以说，他之所以在各个领域取得辉煌的成就，原因就在于他的老师帮他选择了适合自己的学习方法。

作为家长，也应该根据自己孩子的性格特点来选择适合他们的学习方法。

对于外向型性格的孩子，在学习中要注意

1. 好学深思。外向型性格的孩子性格爽朗、倔强，考试不怯场，对事物能

直截了当地提出自己的看法和想法，遇到问题能够向别人请教，这些都是对学习十分有利的性格特点。不过，由于这类孩子过于相信自己领会得快，所以对待问题往往不求甚解；即便请教别人也不是认真倾听对方的回答，往往别人话还没说完，他就觉得自己已经明白了，其实也未见得真正明白。所以，应该要求这样的孩子养成好学深思的习惯，防止遇到问题浅尝辄止或绕道走的不良倾向。

2. 加强计划。外向型性格的孩子学习上往往缺乏计划性，无论干什么，大多从兴趣和感情出发，所以即使制订了学习计划也难以切实执行。因此，针对这样的孩子应要求他自己制订一个详细的学习计划，并严格要求他按照学习计划所规定的进度去做。

3. 有错必纠。外向型性格的孩子一般不在乎分数的高低或评语的好坏，对试卷和作业中的错误也不想认真改正。所以应该帮助他们养成有错必纠的习惯，把错误认真改正过来，才能避免重蹈覆辙。为此，有必要让这类孩子做错题笔记，即把答错的题和不会做的题都清楚地记在笔记本里并经常翻看。

4. 求得帮助。外向型性格的孩子独自一人学习的效率往往不高，因此，最好能找一些性格较内向的同学和他一起温习功课，以便取人性格之长，补己性格之短，从而有效地提高自己的学习效率。

对于内向型性格的孩子，在学习中要注意 ?

1. 打消自卑。性格内向的同学往往比较自卑，有了自卑感就容易造成心神不安、焦虑烦躁，从而影响学习效率。要使这类孩子打消学习中的自卑感，教育他们一要能正确评价自己，即不仅能如实地看到自己的短处，也能恰如其分地看到自己的长处，切不可因自己的某些不如人之处就看不到自己的如人之处和过人之处。二要正确地表现自己，多做一些力所能及和把握较大的事情，哪怕这些事情很小，也不要放弃争取成功的机会，可在自己所擅长的学科上狠下功夫，争取取得好成绩，以增强学习的信心。三是正确地补偿自己，承认自己在某些方面有缺陷，但不背思想包袱，以最大的决心和最顽强的毅力去克服这些缺陷。

2. 心胸豁达。性格内向的孩子心胸往往比较狭隘，当学习未达到预期目的，或者考试成绩不理想时，易引起情绪波动。所以应教育他们不要过分看重考试分数，即使得了坏分数也不要悲观，以免因此影响自己的学习热情和学习效率。

3. 独自学习。性格内向的孩子往往不愿参加集体学习，学习效率往往也不高，故温习功课时最好能找个安静场所，独自进行学习。但同时也要注意提高孩子的自控力，防止他独自坐在桌子前想入非非，白白浪费了学习时间。

点评

父母催促的态度和做法，会让孩子产生反感。此时他们不喜欢父母干涉自己的生活，凡事喜欢按照自己的计划进行。孩子白天在学校学习的时间较长，大脑已经十分疲劳。所以当他回家后，父母不要立刻逼他看书、做功课，可以让他先玩一会儿。这样有助于恢复体力和脑力，从而提高学习效率。

家长要了解自己孩子的个性。孩子有他自己的一套学习方法，必须适度地尊重他。为孩子买参考书，请家教补习，不见得就能提高孩子的成绩。对于一年级的学生，学习心理准备不足，如果用压迫、强制的方式，只会降低他的学习能力。家长不应只一味要求孩子拿高分，最重要的是让孩子找到适合自己的学习方法。

让孩子学会做学习计划

很多家长都错误地认为，制订学习计划是孩子和学校的事。当然，家长们虽然也会根据学校要求督促孩子制订学习计划，但配合孩子共同制订学习计划的父母，确实为数不多。

小女孩莉莉所在的一年级（1）班，每学期开学初和期中考试结束都要有一项活动：制订期中或者期末赶超的学习目标，分为班级和年级里两部分内容。

上个学期莉莉期中考试不太理想，退步很大。正如莉莉自己分析的那样，只是语文成绩拉分了，其他主科的成绩还是不错的。对此，妈妈也没有太理会，只是让女儿接受这个教训，无论主科还是副科，都要学好的。

莉莉的计划制订完毕，要求家长签字，并且一份贴在家里，一份贴在教室里。可这计划妈妈真是不看不要紧，一看吓一跳。

原来莉莉的赶超目标真的不高：数学和英语原来的成绩是99分，现在的目标是95分；语文原来的成绩是93分，现在的目标只有90分。

妈妈笑着说："我的宝贝儿，赶超目标还有往低订的？"接着，她耐心地对莉莉解释，目标不能往低订；目标和实际达到的可能会有一定的差距，但是目标一定要订得高一些，这样才能促使人奋进！

莉莉听了妈妈这么一解释，也不好意思地笑了，就对妈妈说："妈妈，订那么高的目标，如果达不到，同学会笑话我的！再说，我心里的目标不是这个，只是没有写出来罢了！而且把目标订那么高，让同学都感觉我是一个另类有什么好处呢？"

"哦，原来是谦虚呀！是不想让同学们知道你自己的远大目标呀！那也可以呀，你把在家里贴的那张写上自己的内心目标，反正家里的也只有你自己看。它会督促你不断地努力的！"

"好吧！"

其实，写在纸上的目标高低并没有太大的关系，只要在自己的心里永远有一个积极向上的奋进动力和目标，那才是最重要的！贝尔纳是法国著名作家，一生创作了大量的小说和剧本，在法国影剧史上占有特殊地位。有一次，法国一家报纸举办了一次有奖智力竞赛，出了这样一个题目：如果法国最大的博物馆卢浮宫失火了，情况只允许抢救出一幅画，你会抢哪一幅？结果，在该报收到的成千上万个答案中，贝尔纳的答案获得了这次竞赛的最佳答案。他的答案是："我抢离出口最近的那幅画。"成功的最佳目标不是最有价值的那个，而是最有可能实现的那个。

所以，家长在帮孩子树立阶段性学习目标时，要本着"跳一跳才能摘到果子"的原则，结合孩子的自身实际，恰如其分地制订目标。

孩子的学习时间可分为两部分：常规学习时间和自由学习时间。常规学习时间是指上课、完成作业、消化当天所学的新知识，一般由学校安排，受老师支配、控制，大部分孩子能充分利用这部分时间。自由学习时间是指上课和完成作业后归孩子自己支配的学习时间，如自习课、早晨、晚上、双休日、节假日等。实际上，制订学习计划主要就是安排好自由学习时间。因为孩子成绩的好坏很大程度上是对自由学习时间的利用效率，制订一个切实可行的学习计划就可以把自由学习时间充分利用起来，合理安排好每天的学习时间。

由于认知水平、思考问题的方式、表达能力等方面的局限性，很多孩子制订的学习计划，其实对完成学习任务、实现学习目标并无直接的、实质性的指导作用；而且，学校要求孩子制订学习计划，更大程度上只是期望借助制订计划这一形式，让孩子了解计划的重要性，并养成制订计划的习惯，至于孩子制订的学习计划是否合理可行，老师真的无法一一过问。因此，要想让孩子（特别是一年级以及学习能力偏弱的孩子）制订出一份理想的学习计划，非得家长帮忙不可。

一份完整的学习计划通常包括学习目标、时间安排、具体的实施办法或措施等内容。

帮助孩子制订学习计划的方法

1. 为什么学习。即学习的目的和意义，这是孩子积极、主动学习的动力。

2. 学什么，达到什么目的。即学习的对象及目标，这是学习计划的实质性部分。

3. 我是“谁”。即孩子的实际情况，例如，孩子的基础水平、学习能力、个性特点、学习风格、优势和弱项等，这是保证学习计划切实可行的重要前提。

4. 向谁请求学习帮助，与谁一起学习。一个好的老师、一个学习能力强的伙伴，对孩子的学习都是极大的促进。

5. 学习计划要符合孩子个人的能力和特点，不要从个人的喜恶出发，更不要照抄别人的计划，必须考虑自己孩子的体力、智力、学习水平、性格、志趣等是否与实现学习目的和选择的方法相适应。此外，还要注意家庭环境、经济状况、近邻关系等客观条件。

6. 要把一天中的全部活动都纳入计划中来。要使学习在一天的生活中占有适当位置，并与其他活动协调进行。

7. 要根据时期的不同来制订不同的计划。一般可分为学年计划、学期计划和一周作息时间表这三种。

8. 自学时间集中使用不如分散使用效果好，尤其是针对前后内容连贯性不强的功课。

9. 为了能长时间地持续学习，要注意中途安排休息五六分钟。可利用这段时间进行简单的体育活动，如做操之类。

10. 预习和复习的时间要分开进行。复习时间尽可能在当天课后安排，预习则尽可能在课前进行。无论预习还是复习，都是距离讲课的时间越近越好。

11. 要充分利用上课时的空闲时间和自学时间，特别是整理笔记要尽可能在课后较短的时间里进行趁热打铁。

12. 娱乐时间的安排要适当，使孩子的精神能从紧张的学习状态中解放出来。在学习时间分配上应适当考虑运动、娱乐、社交等活动穿插。

13. 内容近似的科目学习尽可能不要安排在一起，以免互相干扰影响学习效果。

在帮孩子制订学习计划的过程中，家长们还应该特别注意以下几方面：

一是知道孩子的“最近发展区”在哪里。孩子的“最近发展区”是指孩子的现有水平与经过一定努力可能达到的水平之间的区域。根据孩子的“最近发展区”确定学习目标，可以避免因学习目标制订过低，对孩子的学习起不到刺激和激励的作用；也可以预防好高骛远的错误做法，避免伤害孩子的学习热情和学习积极性。

二是如何保证孩子的学习计划切实可行。保证学习计划切实可行的一个有效办法就是对目标进行分解。例如，对于一个学习成绩在70分水平线上的孩子，不能直接把学习目标确定为90分，而应该设置为70→75→80→85→90……这样才能使孩子不断体验学习的乐趣和学习成功的喜悦，不断进步、不断发展，一步一步迈向终极目标。

计划必须通过实施才有意义和价值。在帮助孩子制订好学习计划后，家长还应该经常督促孩子执行学习计划，定期检查孩子完成学习计划的情况，并根据实际情况帮助孩子调整学习计划。有理由相信，一个不折不扣地执行着一份切实可行的学习计划的孩子，他的学习一定是卓有成效的，他的成绩一定是优良的，他的父母也一定是轻松、快乐的！

点评

“凡事预则立，不预则废。”一份成功的学习计划能帮助孩子明确学习目标，合理安排时间，增强学习的自觉性和积极性，提高学习效率。学习计划对孩子学业进步的推动作用和重要性，其实家长们都知道！

让孩子学会自己安排时间

丽丽是一个急性子的小女孩，起床迟了要哭，吃饭迟了要哭，开电视慢了一点儿也要哭。再加上孩子都有贪玩的天性，恨不能把吃饭、睡觉、学习的时间都花在游戏和看电视上。因此，丽丽上一年级后，老师强调“时间一去不复返”，她更容易因“你提醒我迟了”而产生焦躁情绪。

为此，爸爸给她买了一个小闹钟，闹铃设置是森林中各种小鸟的叫声，还会说“早上好”“下午好”“晚上好”。爸爸让丽丽自己设定时间，到时闹钟就会按设定好的时间表催她起床、看电视、学拼音、画画。这样丽丽就不会心里惦着事，吃不好睡不稳，一天到晚去看时钟；也不会碰上她不喜欢的时间安排段落就跟父母讨价还价。爸爸只需轻声说一句，“该把拼图收起来了。现在是‘学拼音’时间——听，闹铃已经响了。”丽丽就会乖乖配合。

如何安排孩子的学习和游戏时间，是父母们十分关心的问题。有一位孩子的父亲刘先生的做法就很好。当他的孩子学习功课时，他绝不允许有任何人或任何事去干扰孩子。起初，孩子平均每天学习 15 分钟功课。在这段时间里，孩子如果不专心致志地学习，就会受到父亲的批评。如果妈妈有事找孩子，父亲也会上前阻拦："现在不行，孩子正在学习。"在这段时间里，如果有客人来访，刘先生也不让孩子离开座位，而是对客人说："请稍等片刻，孩子正在学习。"这样做当然是为了帮助孩子养成认真对待学习的习惯。就这样，在父亲的影响下，孩子慢慢能坐得住了，每天复习功课的时间超过了 30 分钟，而且不容易受到外界的干扰。

掌握时间概念是孩子养成良好的生活和学习习惯的重要基础，良好的时间观念对于孩子适应学校集体生活具有重要意义。

培养孩子时间安排能力的方法

1. 首先要引导孩子珍惜时间，养成爱惜时间的好习惯。教育孩子珍惜时间不是一件容易的事。因为年幼的孩子还不能理解时间是怎么回事，更不懂得生命对于自己只有一次。一般要成长到少年期，抽象思维比较发达，自我意识逐渐成熟，这时孩子才会逐渐认识到时间的无限性和人的生命的有限性。但是家长不能消极地等到孩子慢慢长到少年期，必须从小对他们进行珍惜时间的教育。因为孩子的开窍从表面看来是突然发生的，其实对生命的热爱，对效率的体会，对无限和有限的理解，都有一个从量变到质变的过程，没有早期的充分准备，就不会有开窍的到来。何况爱惜时间还有一个养成习惯的问题，习惯的养成并不是与理解和认识的程度完全相对应的。

2. 要讲究效率。家长要教育孩子充分利用每一分钟，要让他懂得"讲究效率，时间变长；不讲效率，时间变短"的道理。

3. 精力最充沛的时间，安排一些重要的事。聪明的做法应该是：脑力、体力都是最充沛的时候，选择做一些最重要，又是最费脑力和体力的事情。体力差时，做些费脑力的事情；脑子疲劳时，选择专用体力的活儿，这时反而能使脑子得到休息。

4. 整块时间，干件大事，打歼灭战。有些事情，最好是用一整块时间，一气呵成，干出个结果。比如计算一道复杂的数学题，刚想一会儿，又去做别的事，第二天就得从头开始想，因为昨天的思路已经忘记了。集中时间，专心致志，打个歼灭战，往往会得到事半功倍的效果。

5. 专有一个时间，整批解决零散问题。对一些零散的小问题，急于专门为它拿出时间去处理，容易打乱别的事情；但是如果总是放任不管，也会误事。最好的解决办法是来个零存整取，把零散的问题集中起来，专门找一个时间，一次性解决这些零散问题，来个快刀斩乱麻。

6. 为了明天有效，今晚就要睡个好觉。好事不要打算一个早上就做完。有些事情，本身的特点就需要艰苦奋斗很长时间，那就不要犯“急性病”。为了明天做事更有效，今晚就要睡好觉，以饱满的精神迎接第二天。

7. 有时要倒计时。有的事情是硬任务，必须在某个时间内完成，这就需要用“倒计时”的方法来安排时间了。例如，在 1 个月内必须完成的任务，算算还有多少天，自己就要安排好每一天要完成几分之一。

8. 利用最佳时间。一些医学专家通过大量观察证明：一个正常人的体温一天中有三次变化，因而人在上午和午夜头脑较灵活；下午处于瞌睡状态；下午 6 点到 8 点之间人体温度峰值过后，很多人会感到疲劳，学习效率低下。因此，要让孩子学会利用效率高的时间段学习比较难掌握的知识；在身体“低潮”时，用来看看课外书或处理其他事情。

9. 用好业余时间。著名科学家爱因斯坦认为：“人的差异在业余时间。”孩子在学校的时间相等，环境相同，学习、活动、机遇基本一致，难以形成大的差异。但在业余时间内，情况就不同了，就必然会对孩子的成绩或特长带来不同的影响，出现不同的结果。一些大科学家在谈到成功经验时，总是少不了“业余时间的充分利用”这一条。因此，要想让孩子出人头地，必须从小用好业余时间：一是各种假日时间；二是课余时间；三是多种空闲时间，如等人时可看看书，乘车时背背英语单词。

10. 合理安排时间。日常生活中经常看到这样的情形：有的孩子回家做家庭作业时，常做了这样忘了那样；有的孩子，假期中学习毫无计划。实际上，只要合理安排时间，就会在同等的时间内节省时间，提高学习效率。如果孩子一天有许多学习任务，可协助孩子制作一个表格，用数字列出每项学习任务的顺序，还可在最重要的学习任务旁做个标记。

11. 分解孩子的可支配时间。有时分解孩子的学习时间，可以让孩子学得又快又好。假如孩子晚上要做三门功课，不妨这样支配时间：先做较难的一门功课，做完后去刷牙；刷牙后再做其中另一门功课，做完后去洗脚；洗脚后完成较轻松的最后一门功课，然后洗脸就寝。这样分解孩子的可支配时间，把刷牙、洗脚、洗脸穿插其中，意在让孩子稍微活动活动，消除疲劳，同时又不浪费时间，起到较好的学习效果。

点评

时间观念的正确含义是要科学地安排时间，计划使用时间，讲究效率，还需要有较强的自控能力。因此，一般家长都认为这是对成人的要求，而忽视了对孩子的培养。若是父母能在早期养成孩子良好的时间观念，就等于给了孩子一个理性的开端。因为善于掌握自己时间的人，将会是高效率工作的人，也是最能出成绩的人。

学会为孩子减压

赵先生的儿子今年上小学一年级，可别看这么小的孩子，居然害怕考试。怕到什么程度呢，第一次期中考试的前一天晚上，他竟然尿了床。其实，这孩子平常的成绩还是挺好的，基本都在90多分。班主任老师对赵先生说，其实他完全可以考出100分。赵先生拿起考卷看了看，老师说得没错，那道错题只是因为粗心造成的。但是想到孩子的心理压力已经很大了，回到家后，赵先生没有批评他，而是对他说："儿子你很棒！这次粗心了，下次再细心点儿。"哪知道儿子垂头丧气地说了一句："我一点儿也不棒！"然后就回屋把自己反锁起来了。

通过上面的事例可以看出，这孩子很要强，也很脆弱，的确不能再给他压力了。可能赵先生还没有意识到，"这次粗心了，下次再细心点儿"这句听似温和的话，在这个时候对一个脆弱的孩子来说，本身就是一种压力。而"下次再……"简直就像是爸爸亲手套在儿子头上的紧箍咒！

孩子岁数越大，承受的压力也就越大。自从进了幼儿园，压力就来了。老师教你学写字、学算术、

学唱歌、学画画……父母叫你学唐诗、学外语、学钢琴、学跳舞……等到了小学，压力更明显，重点初中只有一个，全班就只有寥寥几个名额，小小年纪就得承受惨烈的竞争考验；读上初中，同样压力重重，能否考上高中还是重点高中的问题压得孩子几乎喘不过气来……因为无论学校还是家里，所有人都要求你“只能前进，不能后退”。无论多么累，作业都是必须要完成的。无论多么不喜欢，考试还是少不了的。此外，还有无休止的补课。说现在的孩子活得比大人累，并非夸大其词。

目前许多家长普遍会犯两个错误：一是认为减压就是让老师少布置些作业；二是认为孩子承受的压力全部来自学校和老师。

不错，现代教育的确是要为孩子减压，但减压并不是简单的少学一些东西、少做一些作业，而是掌握一种方法，培养孩子浓厚的学习兴趣和激发孩子高涨的学习热情。只有这样才能把孩子承受的压力变为前进动力，真正实现减压的作用。

学生小部分压力来自老师，这主要是指极个别的老师方法不对、态度不好、责任心不强，造成孩子心理上存在一种压力而已，现在这种现象也越来越少。但确有一部分压力是来自家长的。举一个很小的例子：如果孩子在忙于做作业，到了晚上十点还没做完，这个时候有的家长就会说：“怎么还没做完啊？不做了不做了快睡觉去！你们老师也真是的，布置那么多作业，难道不想让人睡觉不成？！”孩子听了后就会感到一种压力，就会对学习产生一种抵触情绪。但家长如果换一种口气说，那将是完全不同的效果：“哇，你一个晚上就做了那么多作业啊？真厉害，简直是小超人啊！比老爸小的时候还厉害，将来一定有出息！宝贝儿累不累啊？”这个时候，他一定会说不累，而且会很兴奋地把所有作业都做完才去睡觉。

如果孩子对学习有浓厚的兴趣，那么他的学习劲头就足，读起书来就会轻松没有压力。所以培养孩子浓厚的学习兴趣和爱好非常重要，对减轻孩子的压力能够起到积极的作用。

为孩子减压的具体做法

1. 应该允许孩子犯小错。有一个孩子10道题里只做对2道，换作其他人，也许早忍不住骂过去了，可他的爸爸却对孩子说“儿子，这两道题你能答对挺了不起了”；孩子考试考了78分，这位爸爸就用镜框把试卷裱了起来挂在墙上，说“爸爸当年考试刚够及格，你比爸爸出色”……结果谁也不曾想到，这个孩子很快成了一个品学兼优的好学生。这位爸爸是我们的榜样，因为他能够在不完美的状态下看到孩子的闪光点。

2. 心灵舒展是第一位的。现在越来越多的家长和老师用上了“你真棒”这三个字，确实是个可喜的现象。但是，这三个字不能机械地使用。因为现在的孩子很聪明，会有自己的分析能力，泛泛地表扬是不会有实际效果的。所以，“你真棒”还要加上语境，要和孩子一起分析指明他的可取之处，要发自真心地肯定他；违心的表扬在孩子眼里是一种虚伪的表现，生搬硬套反而适得其反。有哪个家长不希望自己的孩子成绩出色？但是要记住一个原则：把成绩和孩子比，孩子永远是第一位的。小燕一次考试没考好，哭着对爸爸说：“爸爸，我都没脸回家了。”爸爸就对她说：“爸爸高兴的是女儿回来了，而不是成绩回来了。”对太好强的孩子，不要过分关注成绩，要关注他们的心灵，心灵舒展了，就会有自我净化和应对一切挫折的能力了。

3. 为孩子打气。不要让孩子单独面对压力，要为他打气，帮助他以乐观的态度面对问题。适当地施压会起到激励效果，但当承受压力过大时，孩子就会出现害怕、失眠等现象，对身体和心理都会造成负面影响。对此，家长不可掉以轻心。

4. 给予赞美和肯定。父母平时要多多发掘孩子的优点，给予他们赞美和肯定，这样可以增加孩子的自信心及追求事物的动力，使孩子在考试到来的时候，能从容面对。

5. 多到户外走走。试着放下担忧，放松心情，利用空余时间陪孩子到户外走走，呼吸新鲜空气，比如到公园散步，做些有益身心的运动，让脑筋稍微休息一下，这对迎接考试都有帮助。

6. 健康的身体与心理同样重要。压力承受过大的成年人，很容易患上各类疾病；而相对的身体的不适，也可能会增加压力。所以，健康的身体，是减轻压力的第一步。家长要时刻注意孩子身体的健康与心理的平衡。

7. 良好的情绪示范。良好的情绪示范可以使孩子在潜移默化中，学习到成年人对待压力的态度与方法。父母具有良好的情绪自制力，不在孩子面前争执吵架，以及对事不对人的客观处世态度，都可以让孩子间接地学习到处理情绪的正确方法。

点评

许多父母都希望孩子不要输在起跑线上，因此在孩子小的时候，就让他提早入学、学才艺、上补习班等，无形中不断增加对孩子的压力。爱孩子就要让孩子在快乐中成长学习。年龄太小就要面对竞争与压力，反而会让孩子缺乏信心，加重挫折感。

其实，每一个孩子都有着不同的个性差异，都是独一无二的生命个体。爱孩子，就要让孩子有充分的成长空间，不单单只是选择优良的成长环境，更要能够做到兼顾孩子的心理发展，避免孩子承受的压力与日俱增。

让孩子看到自己的优点

每个班级里都有几个不合群的、看上去不太讨人喜欢的孩子。小张老师带的一年级（3）班也不例外。有一个叫张睿的孩子就是这样。他上课无精打采，不举手发言，不喜欢参加集体活动，朋友也很少。还有一个叫王家乐的孩子上课极不愿意发言，简直就是惜字如金。针对他们俩的问题小张老师跟他们不知谈过多少回，也跟他们的家长都谈过，可效果一般。

小张老师跟一个朋友在聊天的时候谈到特点的问题，忽然受到启发：自己为什么不找一找这俩孩子身上最显著的特点呢？如果别人提到他们的时候立马就能想起他们的特点，那么，他们的人生就不会暗淡无光，也就不会觉得自己一无是处，还会对生活和学习充满信心。

由于一年级的孩子年纪还比较小，所以小张老师认为对他们的要求不能太苛刻，只要他们在某个方面有一点儿好处就要紧紧抓住。于是小张老师找了个时间，请全班同学都来找找每个孩子身上的特点，并特意提到了张睿和王家乐

两位同学，请大家做个有心人，看看谁能找到他们的特点。功夫不负有心人，有人说张睿关心集体，每天都会检查窗户有没有关好；也有人说王家乐同学这学期朗读进步很大。小张老师听了特别高兴，抓住机会夸了夸他俩，并要其他同学向他们学习。这两个孩子显得特别不好意思，但小张老师知道他们其实特别开心，于是有意将他们的特点写在了黑板上：张睿关心集体，王家乐喜欢朗读。打那儿以后，同学们发现了他俩的特点，也越来越愿意和他们相处了。很快，小张老师发现这两个孩子身上有一些东西变了：张睿同学上课能积极举手发言了，思想也集中不少，还愿意与其他同学讨论交流；而王家乐同学更不用说了，朗读越来越好，由一个一个念字变成一句一句朗读，并且课堂上也能发表自己的观点。前两天电话家访，家长都高兴地告诉小张老师，孩子喜欢读书了，一回家就自己捧着书看，作业也能快速写完。小张老师感到特别欣慰，因为她的努力没有白费。

每个人都喜欢听好话，成年人都这样，更何况几岁的孩子呢？平时人们说要扬长避短，用在这里倒也合适：长是要扬的，而短则最好避开。其实有哪个孩子愿意大人总揪着自己的小辫子不放呢？孩子喜欢表扬，这是他们的天性。人们常说的激励教育也就是基于这样的前提提出来的。

台湾著名女作家罗兰在回忆自己的童年时，也谈到了被肯定优点的巨大作用。她说：“我曾做过笨学生，那是在小学六年级的时候。我的算术不好，直到现在，我还记得老师给我们讲鸡兔同笼和童子分桃等问题时，我是怎样的听不懂。而且，老师越是单独给我讲，我越是听不懂。我也不知道为什么我听不懂。我很感谢我的父亲，当我拿着算术 48 分的成绩单回来见他的时候，他说：‘你的理解力不行，但记忆力却很好。现在不要忙，等你长大一点儿，理解力会慢慢成熟的。’后来，事实证明，到了高中，我的几何代数就都不成问题了。”

孩子往往是敏感的，却又常常认不清自己。所以，父母或教师的评价作用格外重要。因此，多发现和表扬孩子的优点，既可以鼓励孩子进步，又为成年人树立科学的儿童观创造了必不可少的条件。事实早已表明，对孩子的否定性倾向，正是扭曲儿童观的根本原因之一。

让孩子看到自己优点的做法

首先请爸爸妈妈一定要相信，每个孩子都是金子。

1. 发现不同点。爱迪生上小学时，学校买来了新教具。他很好奇，全给拆了，却又装不回去，气得老师请来了他的妈妈，说："你的儿子太爱拆东西了，你必须让他改改这个毛病！"可爱迪生的妈妈却说："我观察我的儿子很久了，他跟别人最大的不同就是喜欢拆东西。如果你让他改掉这一点，那我儿子不就跟别人一样了吗？"喜欢拆东西，实际上就是好奇心强，是智商开发的动力。正是受到妈妈的鼓励，爱迪生的动手能力越来越强，终于成长为 20 世纪对人类贡献最大的科学家之一。可以说，如果没有爱迪生的母亲，就没有爱迪生的成功，因为是她发现了儿子的与众不同之处，发现了儿子的才能，也保护了儿子珍贵的好奇心。其实，每个孩子都有与众不同之处，而这个不同点也许就是他最行的地方。

2. 利用闪光点。有个学习不太好的学生，上课特别爱举手，可叫他起来回答时，他又答不上来。老师表扬了他的积极性，并且跟他订下君子协议：以后老师再提问的时候，如果真会回答，就举左手；如果不会，就举右手。这下老师心里有了底，以后上课经常抓住这名学生举左手的机会，让他回答问题，并马上表扬他。从那以后，这个学生在学习上变得很有起色。孩子天天在长大，天天在进步。父母和老师要像哥伦布发现新大陆一样去发现孩子，特别要善于发现孩子的闪光点，让每个孩子都抬起头来走路。

3. 点燃动情点。孩子是人类社会中最真诚的一个群体。成年人要与孩子为友，就要学会发现孩子的真诚，倾听他们真挚的声音。快期末考试了，可明天就是妈妈的生日，所以小雨一吃过晚饭就把自己关进房间给妈妈制作生日贺卡：一只笑容可掬的熊猫，左手拿着鲜花，右手敬着礼。爸爸看后招呼妈妈："哎哟，你看儿子画得多好啊！"妈妈走过来看了看："哼，不好好复习，净画这个！"话音刚落，妈妈就发现贺卡上还有一行小字："妈妈，请不要说'不好好念书，净画这个。'这可是我业余时间画的。生日快乐！"这下爸爸妈妈都笑了。家庭生活中，遇到的常常是细微小事，但从中不难发现孩子闪烁着真诚和爱的情感。善于发现它，是家长走近孩子并与之沟通的法宝，也是教育孩子走上成功之路的法宝。

点评

如果每个孩子都能看到自己的优点，虽然不能与别人相比，但也有自己展示的空间，他就不会悲观地认为自己一无是处，进而自暴自弃。如果孩子在习惯性地被视为"毫无发展的可能"时，任何一个孩子都会失去自信心。而父母必须拿着放大镜放大孩子的优点，就像苏霍姆林斯基说的那样：把每一位学生看作蕴涵着丰富宝藏的土地，即使表面是贫瘠的，也要以地质勘探员的努力深入发掘。这样做个有心人，在学习上、生活中抓住孩子的特点，扬长避短，从优势入手，突破一点，再真正向广阔的领域发展，让孩子在自己的一片天地里放出光彩。

给孩子创造成功的机会

罗小旭今年上小学一年级了，可字写得歪歪扭扭，缺笔少画，每次考试都会因字迹不工整丢分。家里司马彦、庞中华等名家的字帖买了一大堆，书法培训班也学了两期，却没有一点儿进步。罗小旭现在又非常反感，不愿练字，这可怎么办呢？爸爸焦虑万分。字是人的脸，虽然现代人有了电脑，可以在键盘上弹指如飞，但至少考试还离不开写字。

谁知就在几天前，罗小旭放学回家后又开始主动练字了。爸爸问起缘故，小旭就说老师要让她参加书法大赛。爸爸听后有点儿想笑，就凭这字还能参加书法大赛？可看到女儿的热情劲儿，爸爸也不能泼冷水，于是鼓励她好好练，一定能行！几天后，罗小旭放学回来宣布说，她被正式挑选上了。爸爸有点儿不敢相信，只好继续鼓励女儿，要珍惜这次比赛机会，好好练，争取赛出好成绩。罗小旭却自信地说："老师说了，只要我努力就一定会得奖的。"果然，她练得更加勤奋刻苦，作业也写得干净整齐，进步很大。

一个月后，罗小旭放学回来，手里捧着一个鲜红的证书，高兴地说："爸爸，我得奖了！鼓励奖。"爸爸更是不敢相信：尽管女儿练得刻苦认真，但也练不到获奖的地步。心中只好乱猜测，不是评委出了错，就是参赛者水平实在太低。可无论怎样，毕竟女儿真的得了奖，爸爸就说；“以后还要好好练，争取写得更好。”“那当然，老师都在班上表扬我了，说我进步最大，字写得越来越好。我一定要当全班第一，全校第一，将来还要当个书法家。”看着女儿天真的笑脸，爸爸也很高兴。

期末学校开家长会，爸爸对班主任说：“感谢您，我女儿这一学期写字进步最大。”班主任却说：“我告诉你一个秘密，但你要替我保密，不能告诉孩子。最早小旭的字写得很不好，我批评过，鼓励过，但都无济于事。刚好，学校组织小学生书法比赛，我就鼓励她参加。开始时她还不愿参加，害怕得不行，在我多次劝导下才勉强同意了。我于是给她报了名，并鼓励她好好练。说真的，孩子练得很刻苦，进步也很大。但是离获奖还有一定的距离。我就想，如果她得不了奖，可能是个不小的打击，刚刚燃起的热情也许就会很快熄灭。于是我挨个儿拜访了比赛的评委老师，向他们解释了情况。评委老师一致同意，给她个鼓励奖。”

爸爸听后，紧紧握住老师的手，更是感激不尽。虽说是一个鼓励奖，却帮助孩子树立了自信心。

其实，成功的体验不一定只在读书中。父母应在生活中的方方面面为孩子创造成功的机会，放手让孩子独立去完成一些事情。成功是任何人希望追求的。要使孩子得到良好发展，父母就应该设法让孩子在活动中获得成功与快乐。因为只有体验到成功，才能使孩子增强自信心，从而去主动、积极地参与更多的活动。

给孩子创造成功机会的做法

1. 家长要细心观察。在观察中，要记下孩子实际发生的行为和事件，从而避免家长本人的偏见和倾向性。这样做能够清楚地了解孩子的原有水平及发展水平，为家长的家庭指导确定基点。而每一次指导后的发展水平，又将成为新的基点。

2. 家长要为孩子取得成功当好设计者。在帮助孩子确立奋斗目标时，家长必须经过一番认真的观察，根据孩子的实际情况和特点，为他确立有可能取得成功的奋斗目标。比如孩子有绘画的天赋，并喜欢绘画，而家长却硬要他去学音乐，为他买钢琴，替他设计往钢琴家的路上走，这显然是错的。结果只能令孩子既不能成为音乐人才，也不能成为美术人才。

3. 家长是孩子取得成功的帮助者。目标确定了，还要给孩子适当的帮助，如兴趣的巩固与发展、必要的物质准备、知识和技能的辅导，以及为孩子取得成功提供良好的环境条件，等等。

4. 家长要及时准确地评价孩子。只有细心地观察孩子的发展变化，父母才能真正了解到孩子在活动中到底获得了什么，需要给孩子什么帮助，以及自己应如何改进教育方法、教育内容、教育进程。通过评价，也能使孩子体会到成功的喜悦，并认识到为了取得成功需要付出的努力和代价。

点评

成功包含多种层次。在学校被评为三好生、全勤生，在学习、文艺、体育竞赛中取得名次是成功；成绩经常不及格的学生，在自己的不懈努力下，取得了及格的成绩也是成功；甚至学会洗衣、做菜，受到了一次表扬也是成功。一个六七岁的孩子讲了一个故事，别人夸他讲得好，他就会再讲一个。如果家长善于利用孩子渴望成功的心理，帮助他取得初步成绩，并及时给予鼓励，他就有了自信心，从而也会不断取得进步。

适当增加孩子的危机意识

有个孩子，他的父亲是一个很优秀的人，各方面都很出色，能从很低的起点脱颖而出，挣来一份令普通人羡慕的家业，真是不简单。但是令这位父亲非常困惑的是：自己为什么会有那么一个不争气的儿子呢？

班主任通过和这个孩子交流，发现了原因，就是家里条件好，这个孩子有很高的优越感。他觉得："我爸爸能挣钱，我家条件比别人好，所以我将来肯定错不了，根本用不着很努力。"另外一个重要的原因是，这个孩子的妈妈文化水平不高，孩子又是独生，所以非常非常宠爱他，毫无条件地满足他的所有要求。这更加让孩子觉得一切都来得很容易。这些观念多年以来已经在他头脑中形成了刀刻一样的观念，就是一切来得容易，未来用不着考虑太多，所以他根本就不想学习，也不愿意学习。在这种情况下，不管家里请来多好的辅导老师，送他去上师资力量多好的学校，他就是不肯念书，一点儿脑子都不想动。

只要孩子肯努力，都会有所收获，除非是那些不愿意学的孩子。家长宠爱孩子心切，却不想造就了一个又一个不喜欢学习、对未来毫

无忧患的孩子。这样的孩子长大以后，父母就会开始发愁：他的未来可怎么办啊？可是，到那时候往往已经没有办法了。很快，家长就会看到自己的孩子在社会上备受煎熬却束手无策。这完全就是在孩子小的时候让他过分受宠爱的恶果。

适当增加孩子的危机意识

1. 生活条件不能太优越，否则对孩子成长不利。一旦生活条件太优越，孩子就很难有危机意识。看看周围，想想自己小时候，那些从小玩具就最多、吃的穿的最好的孩子，最后都成才了没有？所以，千万不可让孩子有物质方面的优越感。

2. 非必需品必须要和孩子的表现挂钩。培养孩子，当然要保证孩子的健康成长。现在很多家长生怕自己的孩子受委屈，营养跟不上。其实现代城市里的孩子，哪里还有营养不足的？一些孩子，即使每天吃五谷杂粮，只要饮食均衡，也一样能健康成长。农村经济条件差些，家长也一般不会担心自己的孩子物质条件不够，或者因物质条件不如别的孩子心里会受委屈。应当明确告诉孩子，家里的经济条件并不是很宽松，父母挣钱不容易。如果希望得到更好的东西，比如玩具或是好吃的零食，那就应该通过自己的努力换取。比如遵守纪律，帮助父母做家务，在学习上取得优秀成绩……否则，绝不可能无条件地得到非必需品。（西方国家的孩子就是这样的。即使是有钱人的孩子，不干活儿也别想得到零花钱。）这个要求看似有点儿严，其实很正常。应当让孩子及早熟悉社会规则，这个规则就是：有贡献的人，才能得到回报；没有贡献的人，就会有基本的生存危机。

3. 鼓励孩子的正确行为。在培养孩子危机意识的过程中，不应该一味地批评和限制。当他在认识上取得进步时，应当大力加以表彰和鼓励。

4. 要使危机意识成为思考习惯。事实上，危机意识就是一种很好的习惯，它无时无刻不让人受益。因为它提醒我们：要谨慎，要勤奋，要凡事想在前头、做在前头。“缺乏危机意识，满足于现状而不担心未来”，这是大部分城市孩子学习上出问题的核心。所有人天生都是有惰性的，如果感觉未来无忧、条件优越，那么就没有人会做出努力。谁不觉得休息和打游戏要比学习和工作更舒服呢？

点评

如果家长和教育者不给孩子灌输这种危机意识，那么大部分的孩子肯定不太愿意学习。别说孩子了，便是成年人，难道不也是如此吗？所以，从孩子很小的时候就要使用强制的方式告诉他：不努力马上就会有危机，可能就会得不到自己想要的新自行车。先让他在脑子里形成这种条件反射和意识习惯，当他慢慢长大时，再不断地向他灌输努力工作、为社会为他人做贡献的意义，这样他接受起来就容易得多。

给孩子失败的体验

有一个叫美玉的小女孩，在她学走路时，爸爸妈妈还非常自信，允许她失败，鼓励她不惧怕失败。正是爸爸妈妈给了美玉自信，给了她宽松和鼓励，美玉才学会了迈步，学会了走路。即使跌哭了，跌痛了，她也坚持不懈。

然而，随着美玉渐渐长大，爸爸妈妈却和许多家长一样，越来越害怕美玉失败，越来越计较美玉的失败，甚至苛责美玉的失败。这让美玉没有了信心，失去了闯劲儿，甚至战战兢兢，畏缩不前。

在美玉上小学以后，爸爸的贪心更大，期望值更高，居然要求她学习要成为全班第一！一门功课第一不行，要门门功课都第一；一次考试第一不行，要次次考试都第一；全班成绩第一也不行，还要全年级成绩排第一。即便是小测验考砸了，爸爸也会痛心疾首，还要对女儿训斥、惩罚。

可是，在爸爸不断提升的奋斗目标中，美玉越来越累，越来越感到心力交瘁，也越来越厌倦爸爸的急功近利和拔苗助长。爸爸却没有注意到美玉的情绪变化，也不管她是否心情烦躁，觉得女儿懈怠了就训，发现女儿厌学了就逼，看到女儿失误了就骂。在爸爸严格得近于苛刻的要求下，美玉变得更加谨小慎微，特别害怕失败。直到美玉一次代表学校参加全区数学竞赛时表现糟糕，才令爸爸惊醒了。

美玉平时的数学成绩在全校是前一二名的，学校通过严格的选拔赛，才推荐她参加这次全区竞赛考试。考试前，爸爸又是强调考试的重要性，又是要求女儿只争第一、不许失败；老师也同样给了美玉不少的叮嘱，使她心理压力特别大。考试前一天晚上，才六岁多的美玉严重失眠了。第二天早上，她脸色苍白，吃不下饭，神情紧张地走进考场。考试中，她头昏脑涨，记忆力大减，连平时轻易就能做出的题也忘记了咋做。当她低着沮丧的小脑瓜儿，拖着沉重的步履走出考场时，爸爸就知道：女儿这次考砸了，彻底给全校丢了脸！还没等到揭榜，爸爸就一直训斥她不够努力，没有争第一的进取心。美玉只是沉默不语。竞赛成绩公布了，美玉果然什么名次也没有拿到。从此，小姑娘变得郁郁寡欢，上课没精打采，数学成绩越来越差。爸爸越是急躁，她越是没有信心。望着女儿那张悲凄忧郁的小脸蛋，爸爸终于意识到了什么是心痛和悲观！一连几天，他都陷入深深的自责中。爸爸终于明白了：是自己的错误桎梏了女儿的自信，压抑和打击了女儿的自尊，伤害了她那颗本来充满灵性的稚嫩的心！

其实，挫折和失败是每个孩子都要面临的一个人生课题。而孩子如何面对，也反射了家长的心态。越是宽松的成长环境，孩子就越不怕失败；而越是苛刻的成长环境，孩子就越怕失败。打个比方，孩子有一种小乌龟式的心态：外界安全，它就把头好奇地伸出来观察外面的世界；一旦有危险，它就把头缩回龟壳里去；但如果每次都感到危险，久而久之，它就再也不会轻易把头伸出来了。

面对孩子的成绩，面对孩子的失败，家长应该收敛苛求、不满和怀疑，始终给孩子更多的理解、信任和鼓励，用充满宽容和智慧的爱心去帮助孩子，给他们充分成长的自由，要允许他们失败。面对挫折，不妨大声鼓励孩子：“没关系，我相信你永远都是最棒的，最行的！”

正确对待失败的做法

1. 家长首先应充分认识失败。每个人在成长过程中都会或多或少地遇到失败，人生其实就是一个不断失败的过程。关键要看是否能够正确认识失败。当然，有些孩子也许失败的次数比较多，家长会由此变得不安，担心孩子的前程，于是处处防患于未然，希望不让孩子失败。他们会不由自主地向孩子伸出援助之手。可是，这样做对于孩子的成长是好是坏，值得斟酌。事实上，父母过分担心孩子犯错误，并不由自主地警告孩子：“又失败了。同样的失败你到底想重复多少次？从现在开始，绝不允许你再失败。”这种话说得一多，反而会加重孩子的紧张情绪和心理负担，结果还是不停地重复失败。

2. 当孩子做错事情、出现失败，情绪沮丧时，家长不要总是重复“不许失败”之类的论调，而应该告诉他“失败了也没有关系”。孩子听后就会深受鼓舞、精神大振。这时候家长还应该在孩子面前表现出对考试成绩根本就不在乎的姿态。这样，孩子心中的紧张情绪和压力就一定能够得到缓解，精神负担也会减轻。这样，等到孩子的情绪稳定以后，接下来可以协助他对出错的地方进行分析，并通过彻底的反复练习，让孩子纠正错误，树立起自信。最有效的办法就是让孩子多做一些相似的题目。从许多人的经验来看，最初学得不好的地方，经过反复不断地刻苦练习，后来都成了自己比较擅长的方面。

3. 不要总是对孩子不放心，要敢于放手。孩子经常会产生大人想象不到的离奇的思考能力和不受常规束缚的自由想象。如果家长常以不能失败的消极的主观臆断对孩子加以限制，并喝令他“不能做”，那只会使孩子身上潜在的无限的可能性发挥不出来。家长如果感到对孩子做什么都不放心，于是对他进行过度的关照与帮助，也会剥夺孩子的积极性，妨碍他的成长。因此，家长应具有允许孩子经常失败的胸怀。

其实，学功课也是这样，只有敢于提问题，又敢于回答问题，才能把一门功课学好。一个在英语课堂上不敢开口，生怕自己讲错的学生，是绝对学不好英语口语的。因此，当孩子们要做某种尝试时，即使父母知道会遇到许多困难，或者根本不会成功，但还是应该给孩子们一次尝试的机会，让他们在尝试中检验自己的才能。

面对考试，父母不应该说："这次期末考试你一定要考好。如果再考砸了，你就别想上学了。"而是应该这样说："孩子，放松些，考试考得不好没关系，重要的是你尽了力。"

面对比赛，父母不应该说："儿子，明天的比赛一定要拿第一！"而是应该这样说："孩子，勇敢一点儿，失败了没关系，不就是一次比赛嘛。"

点评

做父母的，往往是望子成龙、望女成凤，天天在孩子耳边念叨：成绩要好呀，要努力呀，不能掉队呀。一到考试的时候，他们更是比孩子还着急，不厌其烦地一遍遍嘱咐孩子一定要考好，不许失败。这样的心情可以理解，但真的对孩子有害无益。哪个做父母的不是在磕磕绊绊中走过来的？那么，请宽容孩子吧，把失败的权利还给他们。允许孩子失败，就等于给了他们锻炼自己意志力的机会，也给了他们增加人生阅历的机会。

指导孩子预习

爸爸看着马燕燕在慢慢地长大，从幼儿园到小学，学的知识也渐渐多了起来，学习日程已逐渐纳入日常生活。可是最近一段时间，燕燕似乎有了一些异常。等爸爸下班回家询问她当日学习情况时，燕燕只说，老师教的都会了。不等爸爸再问，她又紧接着说："我作业做完了，也预习完了。"等爸爸提出要检查时，燕燕就回答："不用了，我已检查过了。"爸爸看着女儿如释重负的样子，也不好打击她的自信心，就决定给她一段自己学习的时间。

可是这段时间过去了，爸爸偶尔翻开作业本，就会看到有改的错题，而且月考的成绩女儿也不汇报，问她就说没发卷子或忘了分数。爸爸立刻感到，孩子的学习近段时间出问题了。正好有一天下午爸爸去接燕燕，就走进学校查个究竟。燕燕的老师说："孩子的学习状态不是很好，近段时间的考试在班里也是中等水平，语文月考只考了87分，数学也是一样。"站在一旁的马燕燕怕挨骂，"哇"地一下哭了起来。爸爸赶紧对她说："错了改正就好，不会责怪你的。"

从学校出来，爸爸和蔼地对女儿说："作业今后一律要交给爸妈检查。我已经给了你自学时间，但是效果并不理想。以后预习还要按时进行，阅读课文要连标点符号一起读，每天要听写生字，争取尽量把课程弄透。"燕燕点头答应了。从此，燕燕在爸爸的亲自指导下，不仅认真完成每天的作业，也养成了提前预习的好习惯。渐渐地，马燕燕的成绩又上去了。

一天，燕燕放学回家高兴地对爸爸说："爸爸，我们老师今天夸你了，说你特好，还说如果我们班的同学都有一个我这样的爸爸就好了，老师就可以省心了，而且对孩子也好。全班同学都特羡慕地看着我呢。”接着她又问，“爸爸，你能不能继续好下去？”

预习是学习过程中的第一个环节，也是提高学习效率不可缺少的环节。可是往往被孩子所忽略，有些家长对它的重视可能也不够。由此有些孩子因为这一环节没有抓好而影响学习成绩的问题始终得不到纠正，学习成绩也就怎么抓也上不去。孩子的苦恼、家长的困惑一起都来了。“为什么怎么也学不好？”“分数为什么怎么也抓不上去呢？”

其实，答案很简单。不做提前预习，上课时对老师传授的内容很陌生，知识点不容易理解，就容易吃夹生饭，或者干脆凭由知识滑过脑袋。而且听课时会很被动，跟不上进度，来不及思维，学习的主动性根本不可能发挥，与老师的配合、发言的可能性和学习积极性就会差一些。久而久之，对知识的摄入量必然会大打折扣。可以设想，获取知识的第一关就没有把好，那么，学习质量自然就会受影响。

指导孩子预习的方法

一年级的新生由于刚入学不久，识字很少，要求他们独立完成预习任务，几乎是不可能的任务。这时，就要借助家长的力量来帮助孩子。

1. 要让孩子明白为什么必须这样做。这需要家长一方面给孩子剖析预习的重要性，同时，不妨要求孩子做一次尝试，体验一下，家长再帮助一起总结一下。孩子如果尝到了甜头，他就会自觉去预习。自觉是做好预习的前提。

2. 帮助孩子养成预习习惯，三天打鱼、两天晒网是不行的。习惯的养成依靠督促，在孩子疏忽时，家长应及时提醒；在孩子做得好的时候（能坚持，有效果），家长必须给予关注，并且明确表示赞许。对有效的做法给予肯定，对效果不明显的要和孩子一起研究改进，对明显是无用功的更要引导孩子学会舍弃。

3. 要与老师尽量沟通孩子的学习情况，争取指导与要求的一致性，避免学校与家庭各持不同的指导方法，以致出现矛盾。

4. 孩子在预习中遇到的疑难问题，如有可能的话，家长应积极同孩子进行讨论。

5. 让孩子大声地朗读课文，勾画出自己不认识的字和不理解的词、句子。

6. 对课文进行分析，说一说课文里的主要内容，最好能够用图画把课文的意思表现出来。

7. 指导孩子做预习的书面作业：例如，语文第（　　）课

a. 我读了（　　）遍；

b. 我觉得这课生字较难的是：________________________________；

c. 我提的有价值的问题是：________________________________；

d. 我积累的好词有：________________________________；

e. 我积累的好句有：________________________________；

f. 读了这篇课文，我想说：____。

点评

预习是一个非常重要的学习习惯。如果孩子拥有了这个习惯，他将受益无穷！从一年级就开始培养孩子的预习习惯，会收到较好的效果。有人认为，预习只适用于中高年级，低年级孩子不需要预习。其实不然，低年级孩子学会预习是非常重要的。预习看起来虽然花了时间，但是换来的却是孩子自学能力的养成，这样何乐而不为呢？孩子因为上课举手次数多了，正确率提高了，老师的表扬也多了，那么他的自信心自然也会大大提高。

指导孩子复习

马上就要考试了，可是对一年级的大鹏同学来说，他还没学会自己如何复习呢。前几天，妈妈找了好多试卷，想让儿子多做点儿题。谁知大鹏刚刚做了两天试卷，就提抗议了：“眼看着快考试了，我们本来就累，你还让我做这么多题。”听了大鹏的话，妈妈很生气。等大鹏睡下后，爸爸对妈妈说：“是啊，孩子本来就很累了，大量的复习作业已经够他受的了。你再给他加重负担，能收到好的效果吗？”妈妈这才恍然大悟，是啊，大而全的复习是有一定的作用，但是，更不能忽略孩子个体的差异啊。于是妈妈赞同地说：“对，从今天起，我不搞题海战术了，只是把儿子以前容易做错，或容易混淆的内容整理出来，有针对性地帮助他复习。”就这样，大鹏觉得学习压力小了，效果却提高了。

一年级新生以识字为主，所学生字“回生”现象很严重，因此每天不能只前进不回头。即每天不仅要复习当天所学生字，还要复习以前学过的熟字。如，学了第二课的生字，就要复习第一、第二课；学了第三课的生字，则要复习第二、第三课，如此循环前进。别看每天只是几分钟的复习，日久天长效果就会很明显。大约每学 30~40 个字，就要“小站停车”一次；每学 70~80 个字，就要“中站停车”；到了期中、期末则是“大站停车”。停下来，是给孩子消化的时间，让他们更加熟练地掌握所学知识。

小学生的机械记忆力是很强的，如果每天只按课文顺序读字词、默字词，效果是比较好的。可一旦打乱顺序，就会出现张冠李戴的现象。因此复习时，不能只按一个顺序读、默字词，要打乱顺序进行巩固。

指导孩子复习的方法

1. 采用形近字比较、同音字比较、反义词比较等方法进行复习，这样可以培养孩子的观察能力和分析比较能力。

2. 可以和孩子做一些猜字、拼字、归类的小游戏，来提高孩子的学习兴趣。

3. 还可以将学过的字组成新词语、新句子，引导孩子灵活运用所学知识。

4. 复习时，要把孩子常犯的错误作为纠正重点。

5. 复习课文时，首先要让孩子熟读课文，然后看看课后练习，根据课后要求进行复习。凡是要求“读一读、写一写”的词语，一定要默写。默写课文时，会遇到“二类字”（只要求认，不要求写），这些字可以用拼音代替。

6. 帮助孩子做好复习时间的分配。是集中复习好，还是分散复习好？实践证明分散复习要比集中复习优越。因为集中复习，劳动强度大，容易引起大脑神经细胞疲劳，反而造成神经活动的抑制，令复习效果不好。有不少孩子不懂得这个道理，功夫不用在平时，不抓紧平时的分散复习，等到期中、期末考试前才集中进行突击。白天学习很长时间，晚上又开夜车，这是不符合科学规律的。这样做，不仅损害健康，而且学习效果不佳，即使突击记下的东西，也容易很快遗忘。

7. 灵活应变。家长指导孩子复习，不能只给孩子布置几本书或几道题就放手不管，而是要尽可能根据孩子的实际情况随时做出调整。如果发现某一部分的内容孩子已经掌握，就可以让孩子跳过这一段，复习下面的内容。

点评

一年级学生年龄小，对所学知识的理解、掌握不是一次就能完成的，需要反复重现，反复练习。因此，父母一定要重视帮助孩子复习功课。

指导孩子做作业

下午5点30分，张女士急匆匆地赶回家，因为她要给上一年级的儿子明明做饭、辅导功课。吃完晚饭已经7点钟了，张女士帮儿子拿出课本、作业本，督促他快写作业。就在这时电话铃响了，原来张女士的妈妈、70多岁的老太太心脏病发作了。她对儿子交代了几句，连忙赶往医院。

张女士再回到家时已是晚上11点多了。看到儿子已经睡下了，她还是不放心，便把儿子摇醒问道："明明，作业都写完了吗？"明明噘着小嘴，揉了揉眼睛不高兴地说："都写好了。"

忙碌的第二天又开始了。张女士刚刚到单位，班主任的电话就追到了。"张女士，明明昨天的家庭作业又没有写，照这样下去，学习成绩怎么能好呢？"张女士一听，心里真是万分着急。儿子每次写作业都得家长盯着、逼着，为了让他写好作业，他们夫妻俩可真费了不少心思，不是爸爸在旁监督，就是妈妈陪在旁边，有时弄得连做饭的时间都没有。可是，效果却并不显著，只要家长一放松，儿子就马虎了事。

家里还经常接到老师打来的电话，说明明的课堂作业本

也没有交。张女士翻了半天，竟然在儿子的写字台抽屉里找到了，而且还不止一本，有许多本，上面大多写了两三次或者三四次就剩白页了。为此，明明的屁股可没少挨打，每次都被爸爸打得又红又肿。打过以后，也能好上几天，可过不了多久就会故态复萌了。

指导孩子做作业的方法

作业是孩子在对知识基本理解后，运用知识分析、解决问题的过程。孩子通过作业和练习，可以进一步加深对知识的理解和记忆，并有利于独立思维能力的培养。只有会用，才是真知。但是，刚跨入校门、第一次接触作业的一年级新生，对做作业还有点儿不太习惯，所以家长可以给予以下引导。

1. 先给孩子讲解作业本和课本的区别点与共同点，以及为什么放学后还得有作业的目的和意义，教育孩子爱护作业本和喜欢做作业。

2. 必须先复习，把学到的知识弄通理解后再做作业。没有理解掌握的知识，是无法运用的。不复习，就不能顺利完成作业。

3. 必须独立思考，独立完成作业。抄别人的作业，就起不到应有的作用了。对难题也要先认真思考，实在做不出来，再请教老师和同学。

4. 切忌搞题海战术。应选择有代表性的练习题目来做，这样能起到触类旁通的效果。做习题关键是要搞清思路，掌握解题方法，并要注意寻找多种解答问题的方法。

5. 端正孩子完成作业的态度。从一年级起，家长就必须紧密配合老师，帮助孩子提高对家庭作业的认识和重视程度，努力消除诸如应付差事之类的阻碍孩子自觉完成作业的低级动机，使他们从内心接受教学过程对他们提出的作业任务，让他们体会到做好家庭作业对于整个学习过程乃至将来发展的重要意义，即认识家庭作业是课堂教学的延伸，是掌握知识不可缺少的一环。这样，孩子才能主动、积极地做好家庭作业。

6. 使孩子日常的学习、生活制度化。家长要从小培养孩子的时间观念和紧张、活泼的作风。如：什么时间必须做作业，什么时间必须完成作业，并交给制度来约束。像明明这样的孩子，正是缺乏制度化的学习生活，养成了做作业拖沓的习惯。还有些孩子，经常是边做作业，边看电视，边吃零食，吃吃做做，做做玩玩，当然也就不能按时完成作业，质量更是无法保证，同时也不利于学习责任心的培养。

7. 合理安排作业的顺序。为了能够顺利完成作业，家长应该要求孩子先复习一下学到的知识，再动笔写作业，而不要抓起笔就写。另外，很多家长在安排孩子作业的顺序时，总是要求孩子先做不感兴趣的科目，认为这样可以确保作业质量。但有时却会适得其反。由于不感兴趣，困难也较大，孩子产生畏难和厌烦的情绪后，就会影响后面他感兴趣的作业。所以，不妨先做他喜欢的科目练习。孩子喜欢的科目，做起作业来得心应手，而且效率高，往往三两下便可以完成。做完这些作业后，乘着顺利的余势，转入不拿手的科目，即使不能所向披靡，起码也要好得多。

8. 科学安排做作业的时间。一般来说，小学低年级学生连续做作业的时间不宜超过 30 分钟，高年级的学生不宜超过 1 小时。如果超过这个时间，孩子就会出现心理疲劳，导致学习能力减弱，效率下降，错误率增加。这时，如果适当休息，疲劳得以解除，学习效率才能恢复。所以，当孩子连续写作业时，应当安排休息的时间。研究表明，小学生做功课的间歇，以 5 分钟到 10 分钟之间最恰当。如：孩子要做 2 小时的作业，可以学习 20 分钟后休息 10 分钟，交替进行，反复实施，效率最高。

点评

刚入学的孩子总是需要父母的帮助，需要提醒他按时做功课。有时在孩子做功课时，父母甚至需要坐在他旁边。孩子学习生活的最初阶段具有非同寻常的重要性，应使他尽早习惯于生活节律。每天总是在同一时间做功课，引导他学会迅速、正确、专心地完成作业。一年级学生必须有自己的书桌、台灯、小书架。要引导他养成习惯，把自己所有的东西都放在事先规定的地方，书桌上只应放做功课需要的学习用品，光线要来自左侧。作业做完后，必须要求孩子把东西收拾好才能去玩，要有目的地培养孩子的自觉性、条理性。

鼓励孩子在课堂上积极发言

何菲背上书包的第一天，爸爸妈妈就嘱咐她：“上课要认真听讲，积极举手发言。”

可是一个月过去了，何菲却很少举手回答老师的提问。爸爸问她：“为什么不回答老师的问题呢？是你不会回答还是因为别的什么原因？告诉爸爸好吗？”

何菲说：“爸爸，我怕如果回答错了，别人会笑我。”

于是，爸爸鼓励她：“没关系的，举手回答问题是表达你的看法。你是学生，即便犯错误也是正常的。让老师发现你错误的想法，还可以让她及时帮助你去调整。如果你不回答老师的问题，老师又怎么知道你是懂还是不懂呢？你说是这样吗？”

何菲歪着小脑袋似懂非懂地点点头。

爸爸又非常坚定地说：“回答错了又有什么关系，那是因为你还不懂，还在学呀，是正常的现象。老师不会笑你的，同学也不会笑你的。答应爸爸，明天试一下，大胆地举手回答老师的问题！试试看，回来把结果告诉爸爸！”

何菲被爸爸的坚定感染了，用力地点头答应着。

第二天放学回家后，爸爸问何菲回答老师的提问了吗，她说回答了。爸爸又问：“有人笑你吗？”她说没有。爸爸趁机马上鼓励女儿说：“爱学习的孩子是不会被取笑的，你这下相信了吧？以后要多积极回答老师的提问，你一定

会做得很出色的！”何菲快乐地点点头。

一年级下学期老师邀请家长们参加公开课，整个教学过程中何菲都非常积极地举手回答老师的问题。虽然她的语言表达能力还不是很出色，但却没有丝毫的胆怯，她的自信在回答问题的过程中慢慢地建立起来了。

课堂是孩子学习的主阵地，充分利用好课堂教学，学习的效率将事半功倍。但是，一年级的孩子刚从玩耍的幼儿园进入小学的正规学习，大部分的孩子对课堂环境还不适应，注意力也难以集中。那么，如何提高孩子的课堂积极性和关注力就显得至关重要了。

上课时，很多孩子发言不积极，一般来说，不擅长发言的孩子有三大类：一是孩子的胆子小，不敢发言；二是孩子的性格内向，不喜欢发言；三是孩子缺少锻炼，不知道怎样发言。对于前两类孩子，家长应该帮助他们克服心理上的缺陷，让孩子变得敢于发言，喜欢发言。而对于后一类孩子，家长则应该帮助他们学会如何发言。

让孩子课堂上积极发言的方法

1. 鼓励孩子大胆发表见解。针对孩子胆子小的特点，家长可通过经常给孩子讲一些伟人和英模的事迹，引导他们在心底萌发向伟人和英模学习，从而展现自己的欲望。孩子是很仰慕英雄的，也愿意向英雄学习。只要家长有计划地这样坚持做下去，孩子就能变得勇于发言。

2. 帮助孩子学会发言。有些孩子想发言，可是得不到要领，说话不是没有头绪，就是废话连篇。这是孩子不擅长发言的另外一种表现。因此，家长应该帮助孩子做到言之有理，言之有序，言之有物。

◎言之有理。家长应该教会孩子在发言时围绕着一个中心、一个主题展开内容。在展开内容的时候，也要抓住要领。与中心、主题有关的内容就多讲，无关的内容应该少说。

◎言之有序。家长应该让孩子知道，发言时要有顺序。讲完一层意思以后，接着再讲另外一层意思，还要注意各层意思之间的联系，使讲话的内容上下连贯起来，这样的发言才能使人明白。

◎言之有物。家长要在帮助孩子学会说话的时候，做到以事实说话，这是非常有效的一个方法。家长应该让孩子知道，介绍物体，应该具体地指出物体的颜色、形状、大小、声音、气味、质地、作用以及感受；介绍事情，应该具体地讲出事情的发展变化过程；介绍人物，应该列举出具体的事迹等。有的时候，还可以用打比方、列举数字来补充所要说明的话题。

3. 给孩子起示范作用。一是家长平常讲话就应该给孩子树立榜样，讲话时要努力做到言之有理，言之有序，言之有物。二是家长要有意识地收集小故事，读给或者讲给孩子听，接着让孩子复述出来；复述的时候，应该让孩子按照上台发言的要求做。三是家长应该耐心地辅导孩子，认真地帮助孩子提高发言的能力和水平。例如，平常只要听到孩子讲话，就应该用正确的标准来衡量他的说话内容。好的要及时表扬，不好的要及时指出。

点评

鼓励孩子的课堂参与意识和行为，不仅能促使他们开动脑筋、积极思考，更重要的是，通过课堂发言、回答问题，增强了孩子的表现欲望，使他们越学越有信心。

让孩子喜欢外语

郭军军的英语成绩不好，妈妈提出给他报辅导班。爸爸刚开始时也同意了，可是转念一想，自己身为英语教师，却把教孩子英语的责任推给别人，这恐怕于情于理都说不过去。最后，爸爸只能答应由自己来教军军。

爸爸认为日常生活中的一切均可用作教学素材。早晨起床 get up，喝牛奶 drink milk，向老师问好 Good morning，放学回家 go home，洗手 wash hands，吃晚饭 have supper，看电视 watch TV，睡觉 go to bed……一周下来，郭军军竟然也能够对答如流。但是，他却不肯再学，也不肯再说，怎么办？

正在爸爸无计可施之时，听说大学的“英语口语广场”活动开展得有声有色，于是爸爸便带着军军前往。参加“英语口语广场”活动的学生比较多，还有几名外籍老师。爸爸带着儿子径直走到外教面前，让他用英语向外籍老师问好。郭军军还从来没有如此近距离地看过外国人，吓得直往爸爸身后躲。最后，实在劝说不动，爸爸只能让他一个人独自在附近玩耍，自己便与外教攀谈起来。等到“英语口语广场”活动结束时，爸爸发现军军在地上画了很多房子和小动物，而他的手上、脸上、身上到处都是粉笔灰。

看来参加“英语口语广场”活动可谓是彻底失败了，以后再也不能带他去了。在以后的几天，爸爸绝口不提此事。可是到了第二个星期天上午，郭军军却突然说：“爸爸，别忘了下午带我去‘英语口语广场’啊。”爸爸先是一愣，然后突然醒悟。儿子对“英语口语广场”感兴趣其实是件好事啊。不在于他能不能学到东西，关键是让他感受到英语氛围，帮助他培养英语兴趣。爸爸当然很爽快地答应了他。这一次军军没有找粉笔画画，可是他却异想天开地采集了各种树叶做标本。这一回他满载而归，兴奋不已，宣布下星期天还要去。

爸爸从来没有严肃认真地给军军上过一节英语课。但是，爸爸认为这种浓厚的兴趣会是儿子将来最好的老师。他对军军自己主动去学外语充满了信心和期待。

家长不要急于让孩子表达，要给孩子更多的时间听，潜移默化地吸收。他能听懂了，自然就会说了。学语言重要的是环境，是运用。

让孩子喜欢外语的方法

1. 培养孩子学习外语的兴趣，并初步具备进行简单生活与日常活动交流的语言应用能力。重点是积累大量听的经验，在此基础上初步发展口头表达能力。而字母的背诵、单词的拼写、句式的强记，不应成为孩子学习的主要内容。在这一点上，父母应当保持足够的清醒和耐心，容忍孩子的沉默，接受孩子的延迟模仿行为，不要从一开始就催促或强迫孩子“说呀”“记住这个单词”“快写字母”，以免挫伤孩子的学习积极性，把外语学习当成苦差、负担。

2. 一年级孩子学习外语，应与他的日常生活和游戏活动结合起来。一方面，学习的内容必须是孩子感兴趣的、熟悉的，例如画画、过家家、吃冷饮、串门；另一方面，学习的过程要能充分调动孩子的视觉、听觉和身体活动。

3. 家长应掌握的几个有效英语学习法。

（1）全面活动反应法。这种方法主要是由成人用英语发出活动的指令，如“Close your eyes，and nod your head（闭上眼，点点头）”，然后由孩子做出相应的身体动作。使用这种教学法，孩子不会因为听不懂或不会说而产生焦虑、担心和回避，他们往往会应用自然的动作模仿积极地参加到活动中去，经过多次“指令、动作”的练习，自然地听懂，学会表达。在活动过程中，指令要求的动作越特别、有趣，孩子参与的兴趣就越高，学习语言的效果也就越好。

（2）游戏活动熏染法。将语言学习与孩子日常的游戏活动结合起来，由家长用英语来组织孩子画画、数数、手工制作、玩过家家等。在整个游戏活动中，家长完全用简单的英语加上手势来引导孩子游戏，只对他们用英语提出的请求和意见进行反应，并因此在特定的时候为孩子创设一个微型的英语环境。在孩子学习的初期，家长应使用大量的手势、动作和图画来帮助他们理解活动的目的、要求和方法。随着学习的深入进行，家长可逐渐减少辅助方法，促使孩子学会用英语与他人进行沟通。

（3）动画片学习法。如果父母自身的英语水平有限，不能有效地使用英语组织活动，则可以借助动画片或游戏软件来为孩子提供学习英语的良好工具。在观看动画片的过程中，尽管孩子的注意力会集中在有趣的人物、美丽的色彩和滑稽的情节上，但他们在反复观看的同时，就能熟悉英语的语音，并能自动地将语音与情节逐步地对应起来，这就为他们进一步地学习奠定了基础。所以在观看时，家长不要反复询问“说什么了”“是什么意思”，也不要性急地为孩子讲解，而要鼓励他们根据画面来猜测人物对话的内容，模仿人物的表演。在此基础上，家长也可以和孩子一起猜，或者对照故事的说明和他们一起讨论，帮助他们逐步将对话和情节联系起来。在有条件时，也可以请英语水平较好的家长带着孩子一起看，达到重点聆听、专业指导，以及最终喜欢上英语的目的。

点评

家长辅导英语时先不要考虑让孩子写，应该先做视觉训练，一段时间后让孩子能认出一些单词。对于孩子来说，小时候学的东西不容易忘记，是因为这个时期习惯看和说，没有负担。同时，自然、轻松的氛围对年幼的孩子学习外语也很重要。

教孩子背诵

这段时间，许先生几乎天天带着孩子背《弟子规》。每天晚上，孩子吃完饭后，许先生就会说："开始讲故事了。"孩子马上就会跑过来坐好。许先生先给孩子讲一个故事，再带他背诵一段古文，然后一起比赛看谁最先背过。背完后，许先生再让小家伙把自己讲的故事复述一遍；如果妈妈有时间，就让孩子把诗文和故事讲给妈妈听。这样做有个好处，既可以让孩子记住这个故事，便于理解所背的诗文，又可以为他将来讲给老师和班里的同学听做个铺垫。

这种有趣的做法，也让孩子的抵触心理不见了。原本背一篇都不愿意，在许先生的再三催促下，大约一个星期才会背一两篇；现在，孩子每天都会主动要求爸爸讲两个故事，背诵两篇古文。

让孩子学会背诵的方法

方法得当，学习自然会收到效果。如此看来，教育孩子的确需要好的方法。课文中的章节，背诵下来对孩子的学习有一定的促进作用。有的孩子在学习过程中一提背诵课文就感到头痛，也记不牢。那么，怎样背诵课文才能背得又快又牢呢？

1. 指导孩子在背诵课文之前，要对课文内容做到全部理解。这样背起来就会既快又牢了。

2. 背诵时可分为整体背诵和分段背诵。对逻辑性强的课文，最好采用整体背诵的方法；对篇幅较长的课文，则宜采用分段背诵。

3. 背诵课文，不能只默读强记，要尽可能地让多种感官参加。默读只能让背诵的内容通过视觉在大脑皮层建立暂时的联系。如果改为朗读，就会加入言语运动与听觉帮助记忆。如果难记忆的地方再动手写一写，头脑里建立的神经联系就更加牢固了。所以，背诵课文一定要眼到、口到、耳到、手到，让这些感官协同工作，这样，背诵课文就能又快又牢了。

点评

已经背诵下来的课文，要经常复习巩固，才会在头脑里留下深深的印迹。否则，就会前功尽弃。

让孩子多背诵一点儿古典诗文，还可增加孩子的语言积累，提高孩子的口头和书面表达能力。多读、多背历来是我国传统的教学方法之一。古语说得好："熟读唐诗三百首，不会作诗也会吟。"大词人苏轼也说过："腹有诗书气自华。"可见，读和背就是一种不断的积累，对人的口头和书面表达能力的提高大有裨益。让孩子从小练就背功，可以受益终生。

允许孩子辩论

严先生的女儿是个安安静静的孩子，从小不好表现。所以，严先生也不想压制她，从不要求她必须怎么样，总是鼓励她自己做选择，给孩子以自信。

随着女儿上学后，知识面不断开阔，开始懂事了，自己的主意也多了，也知道反抗大道理了。严先生看到女儿能独立思考问题很高兴，但有时也觉得如果只按孩子的方式行事可能会出问题，但考虑到必须给孩子民主，不想让她以后人云亦云，更不想让她养成依赖心理，既要尊重她的人格，又要让她明辨是非。于是，严先生提出和女儿进行观点 PK，谁赢了听谁的。

第一次观点 PK 的话题是“好孩子是不是只有一个标准，即听话是不是就是好孩子”，从吃过晚饭以后，严先生一直和女儿辩论到晚上九点。最后因为女儿逻辑更严密，类比更恰当战胜了爸爸。严先生于是承诺，以后肯定不会强

迫她做什么，谁有道理听谁的。首次PK战胜了爸爸，这让女儿很有成就感，对辩论也就有了浓厚的兴趣。这一方法于是成了以后他们家由谁做主的主要决定方式。辩论有了结果，决定怎么做了，还要对自己的决定负起责任。这时他们要签一张“亲情支票”，明确保证以后怎么做。一张“亲情支票”有效期三个月，而常常丢三落四的严先生在此期间绝不能把“亲情支票”搞丢，想想对双方同时都有约束还算公平。而三个月过后，孩子基本就能把一个好习惯巩固下来。

严先生后来发现，观点PK的意义远不止于辩论的胜负结果。孩子都有很强的好胜心，她为了取得胜利，自己会去书上查找论据。在这个过程中，她会开阔视野、积累很多知识，明白一些道理。

有家长向专家求教，如何使孩子集中注意力。专家半开玩笑地说：“让他跟你吵架。”理由是：有谁见过孩子吵架的时候精力不集中，慢慢腾腾、磨磨蹭蹭的？没有。无论什么人，吵架的时候精力一定都特别集中。人们常夸张地说，哑巴和人吵架时都能急出话来。吵架的时候不仅精力集中，绝对不会走神，而且思维也特别敏捷，一句接着一句像连珠炮；反应也特别灵敏，对方说错一个字也能抓住不放。不过，父母应当教会孩子文明地吵架，那就是辩论。

帮助孩子参与辩论的方法

1. 现在一些学校也组织学生搞各种题材的辩论会，孩子们也都特别感兴趣。作为父母，如果希望培养孩子思维的敏捷性和灵活性，就要千方百计地让孩子报名参加，抓住这个机会，千万不要错过。

2. 除了参与学校的辩论会外，在自己的家里也可以经常不断地跟孩子开展一些观点辩论。

3. 利用看电视的时候，从电视新闻中发现题目，或者直接用电视节目的内容作为辩论的题目，同孩子展开辩论。

点评

经过一段时间的辩论之后，父母就会发现孩子的思维能力有了明显的提高。在语言和情感的表达方面，在演讲的口才方面，也会表现得比较出众。给孩子辩论的机会和时间，孩子就会在成长的道路上走得更远。

启发式地向孩子提出问题

小牛的爸爸经常会对儿子进行启发式提问。一天，爸爸看到小牛正对着家里的电风扇发呆，于是就问："电风扇有什么作用呢？"

小牛答："有风，帮助空气流动……"

爸爸问："为什么我们要用电风扇呢？"

小牛答："因为太热了！"

爸爸问："风车和电风扇有什么相同的地方？"

小牛答："都有扇叶。"

爸爸问："那有什么不一样的地方呢？"

小牛答："一个要插电，一个不用。"

爸爸问："为什么风车不用插电？"

小牛答："因为风车是靠风力来推动的。"

爸爸问："风车可以做什么事情呢？"

小牛答："灌溉，发电……"

通过这些提问，小牛在爸爸的引导下，了解了电力可以驱动电扇而产生风，风可以推动风车产生动力等道理。一般人都有类似直觉的看法和认知，因此当人们习惯用自我的认知来判断事物时，也就失去了进入更高层次思考的机会。同样的，如果家长常常不经思索，为了协助孩子而贸然给予答案，未能进一步引导孩子思考，就等于扼杀了孩子迈向高层次思考的机会。

实行启发式提问的一个重要原则是提问设疑，就是家长运用富有启发性的语言，适时地提出有趣的问题，激发孩子思考，把孩子引入新的求知境界，使他们从单纯的“听而有得”的被动局面中解脱出来，逐步进入“思而有获”的主动局面中。

实行提问的主要做法

运用提问法一定要注重技巧，这是实施启发式提问的一个重要环节，方法如下：

1. 提问要注意选择恰当的时机。一般来说，家长必须注意观察孩子的关注程度，视孩子的耐性调整自己的发问时间；而接下来的一两天，可以把和孩子讨论时所涉及的物件再展示一次，加强孩子连接关系的建立。要设计一些好的问题，才能充分调动孩子的思维积极性。

2. 提问要有的放矢，难易适度。提问应针对孩子的不同年龄特点、知识基础、理解能力和教材内容来进行。过易只会造成表面上轰轰烈烈，孩子实则难有收获；过难的话，孩子难以回答，久而久之就会产生畏惧心理。因此，提问要难易适度。如果是多层次的提问，还应按照认识规律，从已知到未知，从特殊到一般，从局部到全体，从现象到本质，由浅入深地展开，充分体现出提问设计的目的性、整体性、逻辑性。

3. 提问要有启发性，切忌无疑而问。主要有三种方式可运用：一是创设提问情景，诱发孩子产生一种解决问题的愿望；二是揭示矛盾，引起思索，即把课本内容与已有知识经验的矛盾当作提问设计的突破口，引导孩子自己去发现“为什么”，并寻求答案；三是适当设计一些多思维指向、多思维途径、多思维结果的提问，培养孩子的创造性思维能力。

4. 提问时对孩子要有礼貌，语气热情、恳切。家长应注意耐心听孩子回答问题，遇到孩子紧张语塞时，也不要催促，应留有余地地引导他们思考或适当提示启发。答对了要肯定鼓励，答错了也不能讽刺、挖苦、训斥。家长轻松地教，孩子愉快地学。

点评

家长必须明确，简单的提问不等于启发，好的提问才是启发式提问。启发式提问重在所设计的问题具有价值和意义，能够引导孩子积极思考，发展自己的思维能力。

和孩子共同讨论

小巧家的家庭讨论会开始了……

爸爸："既然咱们都知道预习很重要，那么我想了解一下，你以前都是怎么做预习的呢？"

小巧："我会先把课文读一读，然后把不懂的字词抄下来。"

爸爸："这是不错的方法，先读字词再了解课文。"

小巧："我读完课文后，就开始分段，然后把段意写出来，还要总结中心思想。"

爸爸："厉害哦，你这样的预习很充分。不过，我认为不用每篇课文都去分段，把中心思想归纳出来就很不错了。"

看到女儿点头，爸爸又借机引导说，"在预习时，时常会遇到一些不懂的问题。这样的情况下，你要怎么做呢？"

小巧："我可以和同学一起交流，或者问老师。"

爸爸："没错，遇到问题时可以和老师、同学，或者爸爸妈妈交流。"

小巧："爸爸，我还可以看看参考书。"

话音刚落，小巧也不禁笑了。她知道自己泄密了。

爸爸："其实，老师也允许你们用参考书。但什么时候用、怎么用，知道吗？"

小巧：“遇到我们不懂的时候用。”

爸爸：“我要补充一句，应该是在我们思考完，并和同学老师交流完，但还是不懂的时候，我们再看参考书，仅仅只是参考而已。”

此时，小巧也似乎明白了……

讨论，在家庭教育活动中是一项很有学问的教育方式。用得好，两代人亲密无间；用得不好，则会严重伤害两代人之间的感情。

家庭讨论会的做法

1. 目的。在家庭讨论过程中不要追求形式上的胜利，而要追求这种讨论（甚至是争论）的形式能长期进行，因为这是与孩子沟通的最好方式，也是深入了解孩子的最好机会，更是密切两代人关系的好方法。

2. 立场。讨论问题时，千万不要把家长的面子放在第一位，更别说什么“你真给我丢人”之类的话，而是应该站在孩子的立场上，帮孩子分析进退得失，这才是正确的做法。

3. 心态。在讨论中，甚至是在争论中，家长不要担心孩子会否定自己，因为家长也有不足。家长的伟大之处不在于没有错误，而是在于能在孩子面前勇于承认自己的不足，并能及时改正不足。这样，才能带动孩子改正不足，家长的形象在孩子心目中才能真正高大。

4. 平等。既然是讨论，就一定要平等。

（1）地位要平等。双方是讨论关系，不是教育与被教育的关系；不要追求孩子表面上的听话，要追求孩子实质上的讲理——敢于和家长争辩是孩子思维活跃的表现，而压制孩子活跃的思维只会带来不良后果。

（2）发言时间要平等。家长不能因自己能言善辩就滔滔不绝，要给孩子充分发言的机会和时间。家长应该做到少说——只有让孩子多说，才能充分了解孩子的内心。

（3）说话方式要平等。孩子在家庭中是弱者，在与家长争论的时候尽管观点正确，但往往也要冒不孝顺父母的风险。此时，如果家长过度追求在形式上的胜利（比如总结最后一句，将自己的意见强加在孩子身上），必然导致在双方感情上的对立，令孩子失去了与家长交流的欲望和兴趣——赢了眼前的战斗，却失去了两代人之间密切的感情。因此，家长在说不过孩子的时候，千万不要用家长的特殊身份来压制孩子的观点，绝不能说“我是你爸，你就得听我的”。一次次的压制，换来的是永远的沉默，孩子以后也不会再与你讨论，因为你不讲理。

（4）说话态度要平等。为了了解孩子的见解是否正确，在讨论时家长的态度最好不要太一本正经，不要过于要求孩子在形式上敬重自己——正则敬，敬则远（感情疏远），远则差（关系差）——过于严肃的态度会给孩子造成心理压力，使得孩子不能畅所欲言，讨论效果必然不会太好。

（5）安排时间要平等。安排讨论时间或是采取定期的方式，或是由双方协商，不要仅凭家长自己的意愿，强迫孩子某个时间必须参加讨论。有时尽管遇到比较重要的话题，家长也要注意提前约定时间，不要搞突然袭击，要让孩子有充分准备，以求增加讨论的有效性。

5. 尊重。在家庭争论中，一些家长为了保持自己的家庭权威，往往忽视了对孩子的尊重，不能以平等的地位对待孩子，使孩子不敢大胆发表自己的意见。因此，在讨论问题的时候，双方应该做到：可以不同意对方的观点，但是父母一定要承认并尊重孩子的选择权，要给孩子说话的权利；孩子要在态度上尊重父母。只有如此，才能使讨论产生最好的效果。

6. 容忍。因为孩子身上毕竟存在着许多不成熟的地方，所以在讨论中，家长要允许他们在情绪上和语言上出现一定的过激现象，甚至要容忍孩子在没理的时候进行一些狡辩。此时不要急于去指责孩子的这些不成熟（“你怎么对父母这么没礼貌”“怎么用这种口气和我说话”），更不要仅凭孩子这些不成熟的态度就否定孩子的全部观点。但在讨论结束后，一定要及时对孩子指出：他在讨论中过激的态度是不正确的，用过激的方式与父母争辩更是不对的。

7. 不扩大影响范围。讨论的话题要明确具体，应该就事论事，不能为了取得形式上的胜利而采用错误的手段。具体来讲就是不要什么事都联系，不要在讨论中联想到孩子有哪些不足便随意扩大话题范围，更不能用揭短的方式求得讨论的胜利；在语言把握上不要利用家长的地位什么话都说，也不要刻意追求在讨论中总结最后一句，说到对方没话可说。

8. 不利用人数上的优势。父母共同上阵，采用相同的观点和态度与孩子讨论问题，这会让孩子觉得人数上的不平等。因此父母其中一人要善于当好第三者——站在旁观的地位，只证明谁说过什么，而不表明支持谁；掌握讨论时的气氛，在双方言辞激烈的时候，提醒双方注意缓和情绪，甚至提出暂缓讨论。如此，做父母的才有退身步，不容易使关系闹僵。

9. 善后。讨论一定要有结论，即使不能分出对错，也要说明：请尽量参考家长的观点，这个问题我们都仔细考虑后再讨论。双方不能不欢而散，更不能黑着脸结束。讨论是否成功以不影响双方关系为标准。

10. 讨论应尽量不要转化成争论。在讨论的时候，一般是在学习了解了对方的观点以后，针对对方的观点进行分析论证，可以用“请你参考我的意见，请你仔细想想我的建议有没有合理的部分”之类的话语结束讨论——目的是站在对方的立场上，帮助对方完善他的观点。一旦讨论变成争论以后，争论者往往会忽视去学习分析对方观点的正确部分，而是尽力用自己的观点去说服对方（有些时候甚至是去压服对方），争论到最后往往是用一句“反正我说了，听不听在你”来结束——立场却是站在自己的一方。所以家长要注意，与孩子讨论问题的时候，尽量不要转化成争论。

点评

父母总认为自己的想法和做法是正确的，孩子只要按照自己的要求和指示发展就是正确的，却忽略了孩子的个性和内心的想法。其实，培养与孩子之间的沟通能力是家庭教育中的重要内容，关键要做到不责问，和孩子保持平等的关系，让孩子敞开心扉，多和孩子讨论问题。

指导孩子课外学习

周末，小涵又和平时一样，吃完饭后开始了下午的学习活动。邻居家的朦朦是一个比较内向的孩子，平时很怕生。朦朦的爸妈想让女儿锻炼锻炼胆量，就给她报了口才班，和小涵一起学习。但朦朦总是害怕，有些心理负担。小涵可没有那么胆怯！在辅导班里，她们俩算是岁数小的，每次老师让到前边表演时，都是小涵硬拉着朦朦上去，还会劝："姐姐，没事儿，我俩一起，你跟着我就行啦！"瞧这小家伙，就是敢冲！再有，老师提出问题时，连五六年级的大孩子都不举手，小涵却把手举高高的，而且答得还不错，有时还能异常准确。连小涵的妈妈都很吃惊，不知何时，女儿的语言运用能力竟提高得这么快了！

下课后，小涵听到家长们正和老师谈论发奖的事儿。她急忙挤上去问道："什么奖？有我的吗？"大家都笑了，"有，有！一会儿发给你们证书和奖牌！""耶！耶！"小涵欢呼着跑去玩了。

不一会儿，学校给获奖的孩子们发了证书和奖牌，并让他们捧在手里照了相，说是要放在门前的展示板上。小家伙们都很兴奋，摆出酷酷的造型站在镜头前。可是小涵不干了，原因是她参加了声乐和口才两项比赛，却只得到了口才的铜牌，没能拿到声乐的奖牌。老师赶紧解释说，其实小涵也拿到了声乐的银牌，只是证书和奖牌被其他学校的老师误领走了。爸爸赶忙往比赛组委会打电话，一问，那个老师已经走了，而且学校还不是市内的，得等下次她再来的时候才能带来。小涵耷拉着脑袋：“哎呀，我太不幸了！”老师赶紧哄她：“来，小涵，笑一下，让我把你照得最漂亮！”这才转移了她的注意力。

课外学习，对于孩子来说，也是一条获取知识的重要渠道，是对课内学习的重要补充。它对孩子扩大视野、开阔思路、激发求知欲望、丰富精神生活、培养道德情操以及建立良好的知识结构，都具有重大意义。

指导孩子课外活动的方法

课外学习是一种内容自由选择、方式灵活多样的学习过程，是课堂学习中不可或缺的一个环节。其功能在于帮助学生更深刻地理解教材内容，扩大知识面，培养兴趣爱好和自学能力。家长可以这样做：

1. 要明确孩子参加课外学习的目的。课外学习，应以陶冶情操和学会一技之长为主，所以不要给孩子安排太多学习班，防止分散孩子的精力，造成一瓶不满、半瓶晃荡，加重孩子的学习负担。一年级新生阶段正是孩子身心各方面打基础的阶段，也是体质发展的重要时期。如果过早地进行某方面的技能训练，方法运用不当，不但会加重孩子的负担，可能还会影响孩子的身心全面发展。

2. 要根据孩子自身的特点选择学习班。要用发展的眼光看待孩子，根据他的专长来培养兴趣爱好。目前，采取注重孩子特色教育来吸引生源的兴趣班、辅导班越来越多，例如双语音乐、绘画、体操、奥数等。家长选择这些课外学习班时，要看自己的孩子是否适合发展某方面的特长。孩子要是不具备那份天赋，就不要勉为其难。否则，不仅孩子不能得到因材施教，而且家长也背上了经济负担，得不偿失。

3. 要了解课外学习班的师资水平和教育质量。家长为孩子报名，要选择教师素质高、教育思想正确、方法得当的课外学习班。在进行特色教育的同时，注重促进孩子的全面发展应该成为参加课外学习的真正目的。目前也有些辅导班以智力开发、提升算术、提升作文为特色，实际上只是将小学的学习任务分解延伸，过分追求难度和偏异性，对孩子的正常学习并无促进作用。因此，家长在给孩子选择课外学习班的时候，一定要做到心明眼亮。

4. 课外学习班不要离家太远。孩子上课外学习班，一个最大问题就是上下学的接送。如果学习班离家太远，不仅使家长为接送孩子耗费了许多精力，也使孩子小小年纪疲于奔波，这对孩子的成长是不利的。时间长了，孩子自然会产生厌烦情绪。

点评

课外学习，给孩子安排太多并不一定是件好事。人的承受力是有限的，有时大脑也需要调节和休息，谁也不愿意去干自己不愿做的事。父母在给孩子报课外学习班之前，一定要了解清楚孩子的爱好，摸清孩子的智力底数，再根据他的兴趣爱好来选择课外学习活动。一般一年级小学生的性格和爱好已有了明显的趋向，是激发孩子自觉、主动参加课外学习的最佳时期。

帮孩子消除学习障碍

对于已经上一年级的王小莹来说，学习一直是一件令人烦恼的事情：上课时常常走神，回家后作业记不全，总要问同学；有时课文背了很多遍，自以为都会了，可第二天一默写又是错误百出。开学没过多久，老师就总说她成绩跟不上。现在一提上学，小莹就有一种畏惧感。

像小莹这样陷入学习烦恼的孩子，在学习能力障碍儿科专科门诊医师的眼里早已见惯不怪了。

怎样发现学习障碍

既然学习能力障碍是一种病症，那么，怎样判断孩子有无学习障碍呢？小学生主要从学习行为观察，如注意力是否集中、运动技能强弱、抄写情况等，学习成绩不好则是最明显的特征。某小学一年级学生小军，生下来学说话就很迟，同龄孩子上幼儿园了，他还死活不肯去。平时跟他说话，好像没听到似的，上学后成绩一直跟不上。后来索性不去上学了。到医院一检查，发现患有言语障碍。所以提醒家长，如果一个孩子学习成绩特别差，家长就要注意观察，有没有写文章出现逻辑混乱、计算困难、抄写落后等情况。如果有，就要及时咨询、治疗。

“学习技能发育障碍”从表现上可分为以下几类情况：

1. 特定的阅读障碍。主要特征是特定的阅读技能发育显著损伤，并不能用智力、视力问题或教育不当来解释。多表现为阅读中对字词的辨认困难、朗读困难等。常常出现省略、替代、歪曲或添加字词或词组，不能回忆阅读的内容，读完后不能讲出所读的大致内容。对字符的分辨也有困难，如分不清 p 与 b、“甲”与“由”等。阅读速度慢，朗读时易出现错误，阅读时，跳过一行或重复同一行，长时间停顿或不知读到哪儿了。短语划分不准确，句中的词序颠倒或含糊不清、错漏甚多。通常语文成绩差，数学的应用题成绩也差，主要是由于不能理解题意，故无从入手进行计算。随着年龄增长及教育进程，阅读困难可有不同程度的改善，但拼写困难可持续至青少年时期。

2. 特定性拼写障碍。主要表现为拼写能力显著低于实际年龄、综合智力和所在年级应有的水平。症状不能用智龄低、视力问题、神经系统疾病或教育不当等来说明。口头或书写字词的能力均受损，常常不能正确拼读字词，同时伴有不能正确书写字词。

3. 特定性计算技能的障碍。这一缺陷涉及对基本计算技巧即加减乘除的掌握，如不能理解某种运算的基本概念，不能理解数学术语或符号，不能辨认数字符号，难以进行标准数学运算，难以理解哪些数字与所要解决的计算有关，难以将数字正确排列，难以对数字进行空间组合，或不能掌握运用乘法口诀表等。以上情况可同时或单独存在。但阅读能力及拼写技能却表现正常。

儿童学习能力障碍成因复杂，表现形式多样。家长望子成龙心切，心情可以理解，但是绝不能把孩子偶然的不良表现都当作学习障碍来看。经常有些家长一着急就把孩子带到医院。有一名小学生，学习成绩不好，老师也经常给家长打电话，反映孩子不听话。爸爸听说许多人学习成绩不好是学习障碍因素造成的，就硬押着孩子到门诊检查。孩子自己很不情愿。检查结果，没有任何问题。所以，在孩子未经正规医院检查得出结论前，家长千万不要说孩子就有学习障碍。否则，这样乱贴标签只会给孩子的心灵造成伤害。

日常行为观察是判断孩子是否存在学习障碍最直接的方式，父母是观察的最佳人选。当孩子在相应年龄阶段出现种种的偏差行为时，父母可能没有察觉到，或者即使察觉到了，也常常以各种想当然的理由忽略掉了，以至于错过了早期干预治疗的时间。所以，父母对孩子行为密切的注意和观察是十分重要的。

学习障碍早期干预治疗在一定程度上依赖于早发现，发现越早、越准确，早期干预就越及时、越有针对性，也就越有成效。

解决孩子学习障碍的方法 ?

要想学习障碍的早期干预治疗取得成效，父母不仅必须付出相当的努力，还要选择正确的教养方式，以取得理想的效果。

1. 提供足够的营养。小学阶段是人一生中生长发育比较迅速的阶段，对营养素的需要量相对较大，也更容易缺乏。科学喂养，平衡膳食，培养良好的饮食习惯是提供足够营养的保障。父母应讲求食物来源的多样化，粗细粮搭配，荤素菜搭配，五色菜搭配，饮食定时、定量，不偏食。必要时还可以根据孩子的自身情况，在医生等专业人士指导下，补充一些营养制剂。

2. 语言能力的培养。学习障碍常常是学前期言语或语言障碍的延续，所以，加强孩子语言能力的训练，是对学习障碍进行早期干预的重要手段。

3. 动作技能的训练。孩子的动作和身体协调能力是认知的基础。如果孩子在正常成长过程中，跳过某一个运动发展阶段，将来就有可能产生学习问题。大多数学习障碍孩子的运动协调能力都比较差，表现得笨手笨脚。这种情况可通过早期干预得到一定程度的改善。

4. 感觉统合训练。感觉统合是指将人体各部分感觉信息输入大脑，经过大脑的统合作用，完成对身体内外知觉做出反应。感觉统合失调是学习障碍的一个重要原因。感觉统合训练对于抑制学习障碍的发生有重要的作用。总之，对学习障碍的早期干预是可行的，是帮助学习障碍儿童今后适应学习乃至适应社会的最佳途径。对学习障碍的诊断越早，便能越快地制订出方案进行干预；如果能提早识别学习障碍发生高危的孩子，也许就可以阻止学习障碍的真正发生。

点评

许多家长认为，孩子如果被确定为学习障碍者，就等于前途无望。其实，学习障碍孩子的父母也无须气馁，因为这些孩子和一般的孩子一样聪明，只是他们脑神经结构和功能的异常，使得他们无法用一般人的学习方式进行学习，在听、说、读、写、计算等学习方面存在困难，必须使用不同的学习方法。

随着科技和医药发展的不断进步，虽然至今在医学上还无法解开学习障碍的导因，但是已经掌握了问题的所在，并不断研究出有效的解决方法，以协助这些孩子跨越学习障碍。

让孩子的大脑处于最佳状态

有一个来自小县城名叫章鑫尧的孩子考入北京大学外交外事系后，引起许多人关注。他的父母十分普通，也非常谦逊。他们告诉大家，鑫尧从小学开始就十分注意科学用脑。也许就是这个科学用脑，才使他从小学、中学直到大学，各科成绩总是名列前茅，被大家誉为“文科状元”。他的父母是这样指导他科学用脑的：

一是指导孩子按周期用脑。父母要求鑫尧学习要经过三个周期。这三个周期是：第一个周期是连续读背几遍新学的知识；第二个周期是三周至四周后，将上一内容复习一两遍；第三个周期是两个月以后，再将这一内容复习一遍。孩子坚持这样按周期用脑，对所学的知识理解得快，也记得牢。

二是指导孩子在最佳时间用脑。父母告诉鑫尧，在睡前和起床后的一段时间内，以及在学习后准备就餐之前，是一个人记忆的最佳时期。鑫尧正是常常利用这些时间安排阅读词语注释、背诵课文等。当他遇到难题时，父母就叫他躺下思考，这样受到外界的干扰就少，注意力容易集中，联想也较丰富。但是人的大脑也有疲劳的时候，父母便指导他在上午10点和下午3点时去听音乐或去参加一些体育活动。

三是指导孩子交叉用脑。父母指导鑫尧不把类似的科目安排在同一时间或邻近时间学习。这是因为，内容相似的知识会使大脑的记忆力下降。鑫尧平时在父母的指导下就很注意交叉学习，比如，上午学习语文、数学，然后参加体育活动；下午学习历史、自然，再参加游艺活动。他在交叉学习时还注意先密后疏，就是同一种内容，开始时隔一两天复习一次，后来每隔四五天复习一次，最后隔半个月、一个月再复习一次。这样复习能有效防止遗忘。

四是指导孩子学会多种感官结合。父母告诉鑫尧这样一个道理：在一定的时间内，视觉能获取知识量的20%，听觉能获取知识量的35%，而视、听两种感官一起运用的话，获取的知识将会增加到50%。所以，他在复习汉字、词语、公式时，就采用多种感官结合的方法，即做到眼看、口读、耳听、手写、脑记，尽可能多地调动身体各个“部门”共同记忆同一个内容。

鑫尧的父母告诉大家，儿子从小学一年级开始就学习这样做了，进了初中、高中，乃至大学，也坚持这样科学用脑，因而他的学习较为轻松，学习成绩也总是排在全班同学的前头。

人类大脑的活动是有规律的，长时间紧张的学习活动就破坏了大脑的活动规律，使大脑受损。孩子已经疲倦了，哈欠不断，忍不住打瞌睡，家长却还不让孩子休息，这样不仅造成孩子的学习效果差，而且易损伤他的大脑。

孩子在进行学习时，不同的学习内容会在大脑皮层的不同区域形成不同的兴奋点。如学习数学，可在大脑皮层的某区域形成一个兴奋点；学习英文，则在大脑皮层的另一区域形成一个兴奋点。因此，倘若长时间学习同一内容，必然会使大脑皮层某一区域的神经细胞负荷加重。如果能把不同的学习内容交错开来进行学习，就可以使大脑皮层不同区域的神经细胞轮流工作，获得充分的休息，以便更好地学习。

每个人每一天都有一个最佳的用脑时间，有的孩子早晨脑子特别灵敏，记忆力最好；而有的孩子则晚上头脑最清醒，学习效果最佳。家长应了解并充分利用自己孩子的最佳用脑时间，提高他的学习效果。

使孩子大脑处于最佳状态的方法

1. 保证孩子按时进餐。大脑依靠血液中的葡萄糖供给能量，以维持旺盛的活力。但是，人脑中储存的葡萄糖很少，只能够维持数分钟。因此，需要依靠人体的血液循环，源源不断地运输葡萄糖。而葡萄糖主要从食物中摄取，所以必须保证孩子按时进餐，才能确保血糖水平处于稳定状态中。

2. 保证孩子脑供氧丰富。人脑的耗氧量很大，约占人体总耗氧量的20%。孩子由于正处于生长发育阶段，耗氧量则更大，最高可达50%。一旦脑缺氧，人就会觉得头昏，工作效率降低。那么，怎样保证孩子脑供氧丰富呢？这就要让孩子多呼吸新鲜空气，如室内经常开窗通气，庭院中种植一些花草，多带孩子到海滨、旷野、林中活动。此外，还要保证孩子血液中含氧量充足，避免贫血、肺炎、惊厥、煤气中毒的发生。

3. 为孩子安排有规律的生活。如定时进餐、定时睡眠，有规律的生活可以使人体内的生物钟正常运转，并将大脑皮层建立起来的各种条件反射形成动力定型，这样就会使大脑活动处于最佳状态，而不至于因无节律运动使大脑感到费劲。

4. 避免脑疲劳。人们常说，脑越用越灵活，但也必须注意劳逸结合。这是因为当人脑处在紧张的脑力劳动状态下，脑神经细胞却处于积极的兴奋状态，但兴奋状态是有一定限度的，一旦脑中消耗的营养物质和堆积的代谢废物增多，兴奋状态就会减弱，进而产生疲劳。这时就会出现注意力不集中、反应迟钝。大脑必须进入抑制状态，以补充所消耗的能量。为避免大脑产生疲劳，就必须注意充分保证孩子的睡眠时间，及时调整孩子的学习内容，如做了口算题后，要让孩子唱唱歌、跳跳舞，等等。

5. 让孩子积极参加体育锻炼。当孩子进行一段时间的脑力活动后，应参加体育锻炼，这也是一种积极的转换方式，可以避免大脑产生疲劳。另外，在参加体育锻炼时，氧气需要量增加，大部分肺泡必须积极工作，吸进很多的氧气，以满足自身的需要。这样血液中的含氧量增加，又改善了大脑的机能。

6. 善于发现孩子的脑细胞兴奋高峰。科学工作者发现，人的脑细胞兴奋是有其周期的。有的人凌晨、早晨兴奋，用脑效率高；有的人正好相反，晚间用脑效率高。前一种人叫作百灵鸟型，后一种人叫作猫头鹰型。还有一种人，介于二者之间，叫作混合型。尽早发现孩子用脑效率高的时间，对于指导他学习很有好处。比如，孩子夜间学习效率高，那就要注意保证晚间的学习时间（当然，不能学得过晚，以免影响第二天上课），具体说来就是要注意从社会活动、家务劳动等方面给予保证。久而久之，可以形成高低有致的用脑高峰期。

7. 教孩子学会转换兴奋中心。脑生理学的研究证明，学习不同内容的知识，大脑皮层的兴奋点不同。这就是为什么课程表上语文、数学要分开排列的道理。孩子回家后的课外学习也是一样，长时间

地学习、复习一门功课，不仅容易疲劳，而且效果不好。除去学习内容之间的转换外，还要注意学习与劳动、学习与休息、学习与娱乐活动的转换。善于转换兴奋中心的人，可以更持久地保持大脑的活力。

8. 不带病用脑。在身体不适或患疾病时，勉强坚持学习，不仅效率低下，而且容易造成大脑损害。

点评

孩子的学习主要是脑力劳动。怎样科学用脑，怎样充分发挥脑的潜力，这是家长必须注意的问题。

教孩子学一点儿传统诗词

小玉上到一年级下半学期了，可她就是不爱读诗。爸爸为此想了不少办法。看到小玉爱唱爱跳，爸爸想，不如让小玉与“诗”共“舞”，岂不是一举多得吗？在爸爸声情并茂的范读中，小玉也有点儿陶醉了。于是爸爸赶紧抓住机会给她介绍这位诗人，并告诉小玉古诗不仅可以吟、诵，还可以唱，今天学这首古诗还要舞呢！爸爸的话音刚落，小玉就笑得很开心。从小玉开心的笑颜中，爸爸意识到开端是良好的。

接下来，爸爸让小玉抓住这首诗的关键词来理解诗的意思并想象诗的意境。在完全理解了诗意后，爸爸便让小玉根据自己对诗意的理解，边朗诵边用动作把内容表演出来。小玉想怎么演就怎么演，用自己的方式诠释着这首诗，同时也在欣赏着这首诗。看着小玉手舞足蹈、绘声绘色的表演，爸爸内心的喜悦溢于言表，也情不自禁地跟着小玉摇头晃脑起来。欣赏着女儿进入角色的表演，爸爸知道小玉一定感受到了古诗的美，享受到了学习古诗的快乐。

通常情况下，孩子也只会背诗，但对诗歌的美如何体现以及体现在哪些方面，并没有特别丰富的体验与感觉。

教孩子学一点儿传统诗词的方法

1. 带领孩子走近传统诗词。在辅导孩子学习传统诗词的时候，最好要以教材为载体，除了要做好对教材中所选编的内容的辅导外，还要重视对辅导内容进行丰富和拓展，使孩子更好地走近传统诗词，使他们对传统诗词有更深的认识和了解。如：伟大的爱国主义诗人屈原，具有建安风骨的“三曹”“七子”，田园诗人陶渊明、“王孟”，边塞诗人高适、岑参、王昌龄，还有唐宋八大家等。此外，还可以让孩子了解到一些有关诗人的生活故事，如：屈原投汨罗江、曹植七步赋诗等。

2. 引导孩子将传统诗词与现实生活相联系。因为人们都喜欢传统诗词，所以在日常生活中随处都有传统诗词的存在。家长除了辅导书本上的传统诗词外，还要引导孩子课余从身边的日常生活中寻找和发现传统诗词。

3. 初步培养孩子赏析传统诗词的能力。带领孩子进入传统诗词的“大观园”，让孩子初步学会欣赏传统诗词，对提高他们的学习兴趣至关重要。要培养孩子对传统诗词的欣赏能力，引导孩子通过对作者所处的环境和历史背景去把握作者的思想感情。

4. 教给孩子一些简单的诗词写作知识。让孩子掌握一些简单的诗词写作知识，有助于他们进一步提高学习传统诗词的兴趣。这样不仅可以帮助他们更好地学习传统诗词，还可以使他们用传统诗词的形式来表情达意。教给孩子简单的诗词写作知识，主要是教他们了解格律知识，从写格律诗（主要是绝句）开始；要给孩子讲解什么是平仄，什么是对仗，什么是押韵和如何押韵等知识；教给孩子格律诗的几种基本句式和如何用配对的方法将这些句式组织起来。当然这方面的辅导需要家长本人花一定功夫，如有可能，也是一个与孩子一起学习成长的过程。

5. 家长可以鼓励孩子参加学校组织的各种诗歌活动。比如很多学校在课外，专为孩子开辟了学习传统诗词的园地，让孩子可以在这个园地中交流学习经验，展示自己的作品。如今，在一些传统诗词学会和诗社的帮助下，有一些中、小学开始设立了诗词辅导站，有专人辅导，并定期出版校刊。这是非常好的举措。孩子看到自己的作品被刊登出来，更大大地激发了学习传统诗词的兴趣。

点评

孩子的理解能力和学习能力是惊人的，如果家长能借助浅显易懂、贴近孩子生活的语言告诉他们诗词的意思，一定会取得更好的学习效果：既有助于孩子对于诗词的学习记忆，同时又培养了他们的想象力和理解力。

让孩子充分利用学习资源

美国作家杰克·伦敦的童年是非常不幸的。他刚上小学，就帮家里打工。每逢周末，他早上必须三点钟起床，去批发报纸，然后再到街头去卖，卖完之后才能去上学。

一个星期天的早上，杰克·伦敦卖完报纸后，他的母亲拉着他到公共图书馆休息一会儿。因为是第一次走进图书馆，所以杰克·伦敦感到惶恐不安。在这家图书馆里，他们可以喝到免费的茶水，还可以安静地眯上一会儿。

之前，杰克·伦敦还不知道世界上有一个叫图书馆的地方，放着那么多的图书和报纸，而且在图书馆里看书看报还不要钱。但是没过多久，还是小孩子的杰克·伦敦在图书馆里就坐不住了，开始大声地说话和嬉戏。于是，母亲把他带到图书馆外，语重心长地说："在图书馆里看书，要求安静，那里面有很多有学问的人。读书能改变一个穷苦孩子的命运。"

就这样，杰克·伦敦童年唯一快乐的事情就是到图书馆去看书。

作为学习阶段的孩子，学习工具和人力资源是学习活动中必不可少的学习资源。学会有效利用这些资源对于孩子整个的一生来说都是非常重要的。

让孩子充分利用学习资源的方法

1. 工具书的利用。工具书是孩子学习时的无言的老师和案头顾问。它包括字典词典、百科全书、年鉴以及索引等。帮孩子选择工具书时，要注意选择最新版本和有权威性的出版社或作者群，以确保知识的正确性、科学性和时代性。孩子使用工具书时，一是要注意了解并熟悉检索方式，二是要注意将工具书中的信息与书本上的内容结合起来理解。

2. 图书馆的利用。图书馆是一个博大的知识宝库。因而孩子在进入图书馆时，首先要自己学会根据图书目录检索所需要的书籍。检索的方式多种多样，如按书名或著者检索、分类检索等；书名或著者既可以按笔画查找，也可按拼音查找。在图书馆看书，要提示孩子注意做读书笔记和摘要。

3. 参考资料的利用。帮助孩子选用参考资料时，要注意所选资料宜精不宜杂；与孩子的学习内容相吻合；具有较强的针对性；与孩子的现有水平相适应；编写体例要条理清晰；具有一定的权威性，并告诉孩子恰当地使用参考资料，要注意配合教材；有选择性地参考重要内容，不必从头到尾地学习；遇到不懂之处，要对照其他参考资料，或请教老师，或与其他同学讨论。

4. 广播电视的利用。广播电视不仅可供孩子娱乐，也能增长他的知识，开阔他的视野。但要注意让孩子有选择地收看，如新闻述评、科技常识、军事天地、文艺欣赏、电脑世界以及英语讲座等。并且，要严格控制时间，可以让他有计划地连续收看一两项重要的内容学习，如新闻联播、英语讲座或电脑世界等。

5. 电脑与网络的利用。电脑的使用不仅可使孩子增长有关电脑科技方面的知识、电脑操作技能，而且，也同样有助于孩子各科课程的学习。它可用作教学工具和学习工具，如，可让孩子选择一些电脑辅助教学软件来自学，预习、复习所学的课堂知识；也可利用电脑中的一些工具软件（如文字处理、电子表格、画笔以及某些高级编程语言）获取和处理信息、解决问题，以及表达自己的思想等。但要注意电脑游戏的客观影响，可作为孩子学习的奖励，然而不可让他多玩。值得一提的是，电脑网络还给孩子学习提供了广阔的前景。可以在国际互联网上探索与学习有关的信息，如 101 网、中国孩子在线、万恒教育网以及一些全国著名中学的官方网页等。这些专门为中国孩子设计的教育网能提供最新最及时的信息和辅导，通过一般的搜索引擎（如搜狗等）可以查到。上网时，要让孩子带着一定目的，切不可让他无限制地漫游，身入宝山却空手而归。另一方面，还要注意教会他利用一些导航工具，以指导自己对信息的探索过程，不至于迷失方向。

6. 老师的帮助。老师不仅是一座知识库，而且是孩子学习的引路人和促进者。因此，除了老师的课堂讲授以外，孩子一旦有什么疑问无法解答，最好向老师请教。值得注意的是，老师并不一定都能给予满意的解答。但这并没有关系，一个人不可能什么事都知道；另外，老师的解答并不一定就是对的，他也只是从一个角度出发看事物，也只代表一种理解。因此，不要让孩子过分迷信老师的权威性。向老师请教，关键是得到老师在知识、解决问题以及学习方法上的启发。

7. 同学间的合作与讨论。同学间的相互合作和讨论有助于彼此相互启发，达成对事物的全面理解。同学间的合作存在许多形式，一种是双方或小组学习同样的内容，相互讨论，彼此提问和回答；另一种是双方或小组共同完成同一项任务。此外，同学间还可以相互辅导。当孩子自己不懂时，可以请教已经弄懂了的同学。由于同学之间背景知识相同，同学根据自己的理解所进行的辅导可能会比老师教的更好懂。当孩子自己弄懂了而别人不懂时，也可以鼓励他主动辅导别人。这不仅仅是一个付出，同时也能让孩子自己有所收获，往往是双方受益。因为，要想辅导别人，孩子自己必须先理清思路，并且还要组织语言表达自己的思想。无疑，这将有助于孩子加深对内容的理解。

点评

每个人所拥有的资源是有限的，如何充分利用身边有限的资源增长自己的智慧和才干，也是学习策略的一个重要构成环节。

让孩子练习写日记

遥遥觉得写日记很有意思，放学回到家里，有时间就拿出她的日记本，按照日记的格式，一行行地写上在学校发生的事情。有时候，遥遥也会犯愁没什么内容可写，产生了厌烦心理。爸爸告诉遥遥，写日记有很多好处，应该坚持。

最近一段时间，遥遥每天放学回家都能把家庭小日记写完。但是爸爸发现，孩子像记流水账似的写日记，日记本上写的往往是：妈妈送我上学；同学上课讲话了；晚上放学了；妈妈接我回家了；妈妈做的饭很好吃……爸爸觉得遥遥应该写得更好一些，便想指导她一下。

一次，爸爸在遥遥写小日记时故意说："写得不错，可是不能打 100 分。"遥遥不解地问："爸爸，我哪里写得不对了？"爸爸说："日记不能什么都记，也要有主次。比如，写昨天上课迟到了，为什么迟到？今天没有迟到，说明自己自觉了，就比昨天有进步。能帮助妈妈洗碗，妈妈夸我懂事了，我很开心等等。"

爸爸还给遥遥举了一个例子，说，"你在上学路上看到有很多家长接送孩子，就可以观察那些家长都穿什么衣服，是爷爷奶奶外公外

婆，还是爸爸妈妈。而且，你也可以写写妈妈爸爸呀！比如妈妈今天穿了一件什么颜色的衣服，有过什么表情。”

爸爸一边不放松要求，一边启发帮助女儿，指点她应该怎样写。遥遥进步很快。没过多久，她就已经不用爸爸给她提词了，日记的内容也由十几个字增加到了二三十个字。

让孩子练习写日记的做法

1. 写好一句话。一年级学生学完汉语拼音后，就可以开始有意识地教给他们一些简单句式，如：“什么时候，谁在什么地方干什么”“什么时候，谁怎么样了”“什么时候，谁看见什么了”等，指导他们借助汉语拼音写一句话的日记，来记录自己在一天里的点滴见闻，记载自己在一天里特有的发现或亲身的感受。但是不能每天都写差不多的话，那就没有意义了。因此，日记的内容应该每天都是新鲜的。

2. 写好几句话。随着孩子眼界的扩大、认识的提高、识字量的增加和词汇的日益积累，他们已经不满足于写一句话的日记了。这时可因势利导，过渡到写几句话日记。几句话的日记与一句话的日记相比，主要特点在于日记的内容更丰富了。这时要指导孩子把握句与句之间的内在联系和衔接，教给他们一些连接句子的技巧。几句话的内容应围绕一个意思，按一定的合理的顺序，连缀而成；可以按先后顺序，也可以按事情发展的顺序，还可以按方位顺序等。

3. 交流日记。刚上小学的孩子常会感到疑惑：我天天早上背书包上学，下午背书包放学回家，哪有这么多东西好写？这就要求家长注意引导孩子去挖掘生活，积累生活，把孩子的目光引向家庭、学校、社会生活，指导学生处处做有心人。可以将一些其他孩子写的生活日记读给他听，或上网看别的孩子的文章，让孩子在互相欣赏中产生新的灵感：原来这事也可以写啊！于是生活中的点点滴滴，都将成为他笔下跳动的音符。在家里听到的大人的一些有趣的话、课堂上同学闹的一个笑话、走在路上突然冒出的一个想法……这些都会成为孩子笔下的好材料。孩子写得稍好一些，或有进步，可以帮他传到网上，网民评价也能提高孩子写日记的兴趣。

4. 复述一段话。有一些孩子写日记的能力可能稍差，家长不能急躁，可采用反复读一段话后，要孩子复述出来，再让他写在日记本上。读的遍数逐渐减少，复述要求却越来越完整。这样，经过一两个月训练后，改为看一段电视或录像后让孩子讲解，再写下来。训练一段时间后，就可以要求孩子把参加的活动说出来，写下来。

点评

从一年级学完汉语拼音到二年级结束这段时间，坚持让孩子写日记，其实就是不知不觉把孩子领进了作文之门。待到三年级开始片段训练，孩子就不会感到突然和困难了。

让孩子写字又好又快

丁小建做事很麻利，但就是写字太慢。上小学前，爸爸让他学过书法。上一年级的时候，爸爸妈妈也没注意到儿子写字姿势有问题。小建写作业总是写到很晚，爸爸一开始认为作业多，后来与别的家长交流，才知道人家的孩子很快就写完了，是自己的孩子写字慢。后来老师提醒，写字慢的主要原因是握笔姿势不正确造成的，其次是经常用橡皮擦。所以，爸爸现在主要是纠正儿子的写字姿势。其实，爸爸早就纠正过，可是没有坚持下来。考试的时候，由于写字速度慢，小建会做的题也答不完，这样对他的成绩影响很大。这下爸爸和妈妈确实着急了，下大决心要把他的写字姿势扳过来。一开始，丁小建有抵触情绪。但爸爸故意沉下脸来，儿子还是怕爸爸的，只好乖乖采用正确姿势写作业。爸爸和妈妈在旁边轮流监督着，经过一个星期便初见成效了。

一年级学生写字速度慢一般有两个原因：一是孩子能力差，二是写字时注意力不集中，边写边玩，常常是用一两个小时完成 20 多分钟的学习任务。这样既浪费时间，又影响孩子的身心健康。因此，家长要重视提高孩子的写字速度。

然而，提高书写速度有

个循序渐进的过程，切不可操之过急。

提高写字速度的方法

1. 熟练掌握汉字的书写规律。只有熟练掌握了汉字的书写规律，写字时才能举一反三，触类旁通，不至于想一笔，写一笔，从而也提高了书写的速度。汉字的书写规律较适用于小学生的主要有以下两方面：

（1）笔画的书写规律。汉字书写的基本笔画有点、横、竖、撇、捺、钩、折、提八种。每个汉字都是由基本笔画组成的，因此写好基本笔画是写好汉字的基础。在笔画练习过程中，要让孩子体会笔画的形状，领悟起笔、行笔和收笔，以及运笔的轻重、缓急和提按的要领，从而掌握好每个基本笔画的规范写法。

汉字的笔画形状各异，但书写每一个笔画都要有三个基本步骤，即下笔（或重或轻）——行笔（轻一些，线条或直或弯）——收笔（或顿笔或轻提出尖）。书写任何笔画都离不开这三个基本步骤，只是用力部位不同而已。

汉字笔画富于变化，比如撇画，在“人”字中写成斜撇，在“月”字中写成竖撇，而在“千”字中就要写成短撇。而这些笔画在不同汉字中又有一定的变化，如短撇，在字头出现时，笔画形态较平，如“反、禾、后”等字；而在字的左上部出现时，笔画形态较斜，如“生、失、朱”等字。在练习过程中，家长要引导孩子反复、认真地观察、比较、分析，揣摩笔画的变化规律。

（2）结构的书写规律。汉字中，横画和竖画占的比重最大，要求写得正，写得稳。正和稳的具体表现就是横要平，竖要直。这里所讲的横平，不是绝对的水平，而是视觉上的平稳，书写时略呈左低右高的斜势。竖直则有两种基本要求：一个字中只有单一的竖画，要求正且直；有对称的两竖画，是短竖的，可以呈上开下合之势，是长竖的，可以基本平行。

在汉字中，有许多笔画是连续平等排列的。一画与一画之间的距离要保持均匀，不能忽大忽小、忽紧忽松。如“曹”字，有七个横笔，横笔间隔的空隙就要均匀。

2. 养成良好的写字习惯。

（1）正确执笔。执笔正确与否，直接影响到书写的速度。在家里，许多家长对写字姿势的理解只停留在“三个一”上，即胸离桌子一拳远，眼离书本一尺远，手离笔尖一寸远。但对最为关键的执笔方法，常常是不提及的。正确的执笔方法应该是：右手执笔，在离笔尖约一寸的地方；大拇指与食指相对握住笔管的左右两侧，大拇指不能压在食指上，大拇指与食指的关节自然弯曲；中指的第一节垫在笔杆下端；无名指、小指依次自然弯向手心，并放在中指下方；笔杆后端斜靠在虎口接近食指根处，与纸面约成 50 度角；五指自然有力，掌心要空。

（2）想好再写。许多小学生写字时习惯边看边写，即看一笔写一笔，或看一个部件写一个部件。这样写不但影响了字的美观，而且大大降低了写字的速度。当然，初入学的孩子未尝不可边看边写，但当他有了一定的写字基础时，一定要帮助他养成想好再写的习惯。想主要是指认真观察笔画的变化、结构的处理，分析笔顺的规则，达到意在笔先，做到观察仔细认真，书写一气呵成。

（3）持之以恒地练习。要想提高书写速度，熟练是基础。首先要常练，必须安排充足的时间督促孩子练习写字，并提出适当的速度要求。其次是巧练，应该注意引导孩子归纳总结字与字之间的区别和联系，认识和掌握同一类字的共同点，做到写好一个字，带动一类字，在规律指导下练习，在练习中体验规律，再用规律更好地指导练习，从而巩固和提高书写技能，提高孩子的写字速度。

点评

书写速度慢，看起来是个小问题，其实不可小视。书写速度慢会带来一系列的问题：由于书写速度慢，原本半个小时可以完成的作业，孩子却要用两三个小时去完成，从早到晚忙于课业，负担重，休息少，影响身心发展；由于书写速度慢，孩子没有多余的时间游戏，没有多余的时间交友，也没有多余的时间看课外书，个性发展和知识面的扩展都会受到限制。总之，书写速度慢，也是孩子学习跟不上的一个重要因素。因此，提高孩子的书写速度，是摆在一年级新生家长面前的一个刻不容缓的问题。